알고보면
재미있는
커피
인문학

최우성의 커피 소통 ①

알고보면 재미있는 커피 인문학

최우성 지음

퀀텀북스

●

"아! 커피의 기막힌 맛이여.
그것은 천 번의 키스보다 멋지고
마스카트 술보다 더 달콤하다.
비록 혼례식은 못 올릴망정,
바깥출입은 못할망정,
커피만은 끊을 수가 없구나!"

●

프롤로그

커피는
소통이다

    필자가 커피를 처음 마셨던 곳은 대학 시절 친구에게 이끌려 갔던 '난다랑'이었다. 그러고 보니 커피와 맺은 인연이 거의 40년이 되어간다. 당연한 이야기이지만 그때는 커피 맛을 몰랐다. 원두커피라는 이름으로 불리던 당시의 커피는 맛이 너무 흐렸다. 설탕을 타서 단맛에 마시는 음료수의 개념에 가까웠다. 그때를 회상해보면 '커피'의 맛을 알아서가 아니라, 커피숍에서 울려 퍼지는 음악과 고급스러운 분위기에 끌려 찾아가게 되었던 것 같다.

    사실 20대 대학생의 주머니는 너무 가벼워서 커피숍 같은 곳은 자주 갈 수 있는 장소가 아니었다. 학교 앞 음악다방에서 학회 모임이 있을 때면 선배를 따라가서 커피를 얻어 마시기도 했는데, 이것이 내 젊은 날의 사치 중의 사치였다. 커피는 그 이후로도 끊임없이 나를 유혹했다.

    군대를 제대하고 대학원에 입학한 후에는 커피 자판기가 내게 주된 커피 공급원이 되었다. 도서관에서 공부하다가 지칠 무렵이면 자판기 커피의 달달함에 끌려 하루에도 예닐곱 잔은 넘게 커피를 마시곤 했다.

    드립 커피는 동경대에서 유학하던 막내 누이를 통해서 접하게 되었는데, 대략 1987년쯤으로 기억하고 있다. 그때만 해도 우리나라에서는 커피 메이커가 대세였다. 커피를 그렇게 내릴 수 있다는 것에 흥미 정도만 느꼈지 별다른 관심을 갖지는 않았다.

그 후로도 커피는 필자의 삶에서 친구와 같은 존재였다. 나는 끊임없이 커피를 좋아했고, 커피를 이웃과 나누며 살았다.

그러던 어느 날, 커피를 좋아하는 단계에서 가르치는 단계로 접어드는 계기가 생겼다. 어느 날 필자가 섬기는 교회가 지역의 어려운 독거노인들을 지원하기로 했는데, 이 일에 대해 의논도 하고 인사도 할 겸 해서 새로 부임한 동장이 교회 사무실로 찾아오게 되었다. 이때 동장이 대화 중에 필자가 커피 전문가임을 알았고, 지역을 위해 봉사해주도록 추천했던 것이 계기가 되어 '중랑문화원' 커피 강좌를 맡게 된 것이다. 이어서 면목4동의 바리스타 교육도 맡으면서 현재에 이르게 되었는데, 약 4년 동안 이 강좌를 통해서 배출한 바리스타들이 이천여 명이 넘는다.

필자는 지역 사회의 의뢰를 받아 중랑구 지역의 차상위계층 주민들을 위한 마을기업 만들기, 발달장애인들과 그 어머니들을 위한 바리스타 교육 및 창업 지원, 다문화 가정을 위한 바리스타 양성반을 수년간 무상으로 지원하였으며, 2014년 이후에는 매년 지역의 어려운 학생들을 대상으로 장학금을 지원하는 웨슬리장학회도 운영하고 있다. 한편 면목4동은 바리스타 교육을 통한 지역 활성화의 성과를 인정받아 전국 주민자치위원회 박람회에서 우수상을 수상하기도 했다.

필자는 그동안 커피 교육을 통해 연령과 성별, 출신 지역과 종교, 학력이

다양한 수천 명의 사람들을 만났다. 바리스타 교육이 한번 시작하면 적어도 3개월은 지속적으로 만나는 과정이기 때문에, 서로 다른 성향의 사람들이 아주 자연스럽게 친해지게 된다. 필자가 생각하기에는 지역 사회가 활성화되는 것으로는 바리스타 교육만 한 것이 없어 보인다.

필자가 만난 수강생들 중에는 기억에 남는 사람들이 많다. 제일 나이 어린 제자는 초등학교 5, 6학년 여학생들이었는데 어른들 틈에서 정말 열심히 수업에 참여하였다. 제일 나이 많은 제자로는 75세 어르신이 계셨다. 나이가 많아도 가장 열정적으로 수업에 참여했던 것으로 기억한다. 항암 투병 중에서도 수업을 단 한 번도 빠지지 않고 열정적으로 참여한 여성이 있는가 하면, 뇌졸중으로 투병 중인 남편을 돌보느라 문밖 나들이 한번 못 하다가 자녀들에게 휴가를 받아 바리스타 교육을 받으며 너무나도 행복했다고 고백했던 어느 할머니도 있었다. 가장 보람 있는 것 중에 하나는 커피를 배운 제자들이 중심이 되어서 바리스타 봉사회를 결성하고, 그들이 커피를 통해 지역 사회를 위해서 봉사하고 있는 것이다.

이 책에 실린 글들은 커피를 통한 소통의 과정 속에서 국민일보 '쿠키뉴스'와 '아시아 엔' 신문사에 필자가 기고한 글들을 정리한 것이다. 부족하긴 해도 필자는 커피를 통해서 세상의 문제를 바라보고자 했으며, 커피를 통해서 역사를 재조명하고자 했다. 그리고 종교도 커피를 통해서 새롭게 비평하고자 했다.

커피를 통해 세상과 소통하게 하시고 사막에 길을 만드시고 인도하시는 좋으신 하나님, 글 쓰는 유전자를 물려주신 아버지이자 시인 故 최 정화 권사님, 어머니 박 소영 권사님, 사랑하는 아내 최은경 사모와 아들 예훈, 지훈, 나의 삶에 큰 이정표와 본이 되어 주시고 참된 그리스도인의 길을 보여주신 사랑하는 목사님들, 김진호 감독님, 신경하 감독님, 신문구 감독님 그리고 존경하고 사랑하는 곽창근 장로님과 가족들, 사랑하는 태은교회 성도들……, 커피비평가협회 협회장 박영순 교수님, 커퍼스 오브 코리아(CCAK)의 우종호 회장님, 그리고 센터장님들, 그리고 국민일보 이다니엘 기자와 물맷돌 출판사 최남철 집사님께 감사한 마음을 전한다. 커피를 사랑하는 모든 이들에게 이 책을 바친다.

    책이 세상에 나온 지 2년여 만에 개정증보판이 나오게 되었다. 큰 인기를 끌진 못했지만 꾸준히 찾는 이들이 있어서 감사할 따름이다. 부족한 책이지만 독자들이 이 책을 통해서 커피인문학에 관심을 갖게 된다면 영광이겠다. 커피인문학에 대해 좀 더 깊은 내용을 원한다면 박영순교수의 저서 '커피인문학'을 추천한다. 개정증보판에는 동서식품 사보인 '삶의 향기'에 일 년간 연재한 글을 추가하게 되었다. "Sola Gratia", 모든 영광을 하나님께 돌린다.

2020년 4월
용마산 아래 서재에서
저자 최우성

c o n t e n t s

프롤로그 _ 커피는 소통이다 … 006

제 1 장 커피와 역사

커피 로스팅의 첫걸음을 찾아서 … 017
클레오파트라처럼 커피 향을 즐기세요 … 019
나폴레옹과 치커리 커피 … 021
오스트리아 커피숍의 성공 비결 … 023
타우바테 협정과 과잉 생산의 딜레마 … 026
믹스 커피의 애환 … 030

제 2 장 커피와 문화

커피 올림픽 … 035
브라질 그리고 커피 … 037
똥과 커피 … 040
돔배고기와 아인슈페너 커피 … 042

제 3 장 커피와 과학

갓 따온 상추와 갓 볶은 커피 … 047
물을 다스리는 자가 커피를 지배한다 … 049
운하와 문명, 그리고 커피 … 051
디카페인 커피 이야기 … 054
시간과의 싸움, 커피 … 057
커피와 물, 발효를 통하여 얻어지는 향기 … 060
아라비카 양과 로부스타 군 … 068
급하게 내린 커피는 맛이 없다 … 071
커피 안 마시고 살아보기 … 073
감칠맛 커피 … 075
다도와 커피의 도道 … 078
커피는 마약인가 … 080

제 4 장
커피와 사회

인간미 커피	⋯ 085
정직한 커피가 답이다	⋯ 088
평등 커피	⋯ 092
커피 권력	⋯ 095
혁명의 커피, 프렌치 카페	⋯ 099
벚꽃 마케팅	⋯ 103
화합의 기술, 커피 블렌딩	⋯ 105
보람 커피	⋯ 108
커피와 앞치마	⋯ 111
커피로 이웃과 소통하세요	⋯ 114
고속도로 커피 프랜차이즈의 커피값은 적당한가	⋯ 117
서민 경제의 바로미터, 골목 카페	⋯ 120
카페 주인의 한숨과 눈물, 그리고 최저 시급	⋯ 122
혼밥, 혼술, 혼커피족에 주목하라	⋯ 125
커피와 허세	⋯ 128
좋은 커피는 선택이 아니라 필수다	⋯ 131
헤밍웨이와 체 게바라가 사랑한 쿠바 커피와 군함도	⋯ 134
커피는 만국 공통어다	⋯ 137

제 5 장 커피와 생활	커피 한 잔의 사치	⋯ 143
	산미 가득한 오리지널 커피를 찾아서	⋯ 145
	건강과 환경을 생각한다면 일회용 컵은 피하세요	⋯ 147
	해외여행과 시차 적응, 그리고 카페인	⋯ 151
	역사의 아이러니 베트남 커피	⋯ 154
	커피 일기	⋯ 159

제 6 장 커피와 바리스타	명품 커피를 찾는 커피 셀렉터들	⋯ 163
	커피 연금술사	⋯ 172
	커피 농부의 손맛	⋯ 175
	신맛 나는 커피 만들기	⋯ 177
	좋은 커피 생두 구하기	⋯ 179
	주사기 에스프레소 커피	⋯ 181

제 7 장 커피와 예술	웃음의 묘약, 커피	⋯ 187
	《어린 왕자》의 작가 생텍쥐페리와 커피	⋯ 190
	문학가 이상의 커피 사랑의 명암	⋯ 195
	커피와 담배를 사랑한 천경자 화백, 그리고 미인도	⋯ 199

제 8 장
커피와 종교
◉

뼛속 깊이 탁월한 유대인의 향미 감각	… 205
커피의 고향은 예멘일까, 에티오피아일까	… 207
이슬람서 커피는 사랑받고 포도주는 배척되는 이유	… 210
이슬람 사회서 한때 커피를 금지했던 사연	… 213
종교와 술, 그리고 커피의 상관관계	… 217
커피가 차보다 유익함을 입증한 쌍둥이 실험	… 222
커피 한 잔에 담긴 흑인 노예의 슬픈 눈물	… 225
물과 종교, 그리고 커피	… 228
'퀸' 리더 머큐리와 존 웨슬리 목사의 뜨거운 열정으로 빚는 커피 향미	… 233
박진영 '노래는 공기 반, 소리 반…' 커피 향도 공기가 큰 영향	… 238
커피와 종교의 공통점을 알려면 예멘 '모카커피'를 보라	… 242
'커피와 종교'의 같은 점, 다른 점	… 245
자이언티의 '양화대교'와 자판기 커피	… 249

제1장

커피와 역사

커피 로스팅의
첫걸음을
찾아서

"최초로 커피를 볶은 사람은 누구일까?"

이 질문의 답은 '아무도 모른다'이다. 지금까지 알려진 커피에 관한 모든 것은 15, 16세기의 중동에서 작성된 문헌들을 참조한 것이다. 커피의 발견, 인위적인 재배 등에 관해서는 의견이 분분하다. 아라비카 커피는 AD 575년 초반 즈음에 에티오피아에서 이미 작물로 개발된 품종을 아라비아 남부로 이식했을 것이라고 추측된다.

최초의 커피 음료가 어떤 것인지도, 뜨거운 커피 형태로 마셨는지도 분명하지 않다. 다만 시리아나 페르시아, 혹은 터키의 어떤 이가 열분해를 유도할 만큼 높은 온도에 커피 열매 씨앗을 넣었을 것이라고 짐작을 하는데, 이것이 커피 로스팅의 시작일 것이라고 추측된다.

이안 버스턴(Ian Bersten)은 커피를 최초로 로스팅한 곳이 시리아라고 추측한다. 그 근거로는 토기 그릇밖에 없던 예멘과는 달리, 시리아는 금속 용기를 만드는 기술을 보유하고 있었기 때문이라고 한다. 더 높은 로스팅 온도에 도달하기 위해서는 금속 용기가 필수적이다. 그의 이런 주장에 대해서 증명할 길도, 반박할 증거도 없다. 하지만 커피뿐만 아니라 인류 역사를 살펴보면 견과류를 불에 구워서 맛을 더 좋게 만든 기록들이 발견되기에, 커피도 그와 같은 실험의 결과로 탄생한 것이 아닌가 짐작하는 학자들도 있다.

그렇다면 커피 로스팅의 과정에 대해 구체적으로 묘사한 초기의 기록자는 누구일까? 윌리엄 팔그레이브(William Palgrave)는 자신이 1863년 발간한 여행기 〈1년간의 중동부 아라비아 여행에 대한 서술〉(1863년 발간)에서 이렇게 묘사하고 있다.

> "Soweylim은 지체 없이 커피를 준비했는데, 먼저 5분에 걸친 풀무질과 석탄으로 적당한 불을 만들었다. 그는 벽에 걸려 있던 더러운 매듭 천을 풀어내고 서너 움큼 정도의 로스팅하지 않은 커피를 풀로 엮은 그릇에 두고, 검은 낱알이나 잡티들을 신중하게 골라내었다. 그 후 그는 깨끗해진 커피 생두를 커다란 철 국자에 부어넣어 화덕에서 커피들이 갈라지는 소리가 나고 붉게 변해 연기가 날 때까지 열을 가했다. 모든 과정이 끝난 후 그는 볶아진 커피들을 풀 그릇 위에 두고 접시를 식혔다."

맨 처음에 커피를 로스팅한 사람은 누구였을까? 로스팅은 커피에 생명력을 불어넣는 마법과 같은 것이다. 로스팅을 하지 않는다면 커피의 향기도 없을 것이고, 향기 없는 커피는 커피라고 할 수도 없을 것이다. 최초로 커피 씨앗에 열을 가해 향기를 낼 생각을 했던 사람은 그 누가 되었든 커피를 사랑하는 모든 이들의 찬사를 듣기에 부족함이 없다.

클레오파트라처럼 커피 향을 즐기세요

클레오파트라는 BC 69년에 태어나서 BC 30년에 죽은 이집트의 통치자이다. 고대 이집트의 여왕이었던 그녀는 여러 개의 외국어에 능통했다 하고, 로마의 시저를 농락할 정도로 외교술에 뛰어났다고도 하는 당대의 여걸이었다.

그녀는 안토니우스와 결혼하여 동맹을 맺은 후 옥타비아누스와 BC 31년 악티움 해전에서 이집트의 운명을 건 결전을 벌였으나 패하고, 일 년 뒤 스스로 독사를 풀어 자기 가슴을 물게 해서 죽은 드라마틱한 여성이다.

그녀는 외교술만 뛰어난 것이 아니라 향미 전문가였다고 하는데, 그래서인지 이집트인들은 '클레오파트라의 커피'설을 주장한다. 클레오파트라가 향수를 만들어 자기 몸에 뿌리고 남자들을 유혹했다는 것은 유명한 이야기인데, 그녀가 향수뿐만 아니라 커피도 좋아했다는 것이다.

다만 커피를 마신 것은 아니고 커피 향을 즐겼다고 한다. 매일 아침이면 커피 향을 맡으며 하루를 시작했다는 것이다. 커피의 기원을 6세기 에티오피아로 보는 설에 의하면 이는 황당한 주장처럼 보인다. 그러나 이집트인들은 클레오파트라가 커피 향을 즐겼다는 이야기를 매우 자랑스럽게 생각한다.

하긴 이집트가 4대 인류 문명의 발상지인 점과 이집트 문명의 찬란함을 감안한다면 사실 여부를 따질 것이 아니라 그럴 수도 있다고 넘어가주는 것도 좋을 것 같다. 하지만 이집트인들이 커피를 음료로 마시기 시작한 것은 그로부터도 700여 년 뒤인 619년, 이집트가 이슬람 세력에 의해 점령된 이후라고 보는 것이 맞을 것이다.

이집트인들의 음료는 우유를 넣어 끓인 홍차(샤이)이다. 이는 영국 식민지 시절의 영향인데 대부분의 사람들이 '샤이'를 마신다. 최근에는 카이로 번화가에 스타벅스 같은 다국적 기업 커피 전문점들이 진출함으로 인해, 부유층을 중심으로 커피를 즐기는 문화가 확산되고 있다고 한다.

아침에 일찍 일어나서 향기로운 커피 향을 맡아보자. 클레오파트라가 따로 있나, 커피 향을 즐기는 내가 바로 클레오파트라지……

나폴레옹과 치커리 커피

1806년 10월에 나폴레옹 보나파르트가 이끄는 프랑스군이 독일의 베를린에 입성했다. 그리고 그곳에서 나폴레옹은 영국의 경제 제재를 의미하는 대륙 봉쇄령을 공포한다.

나폴레옹이 이끄는 프랑스 해군은 세계 4대 해전 중의 하나로 알려진 1805년 트리팔가 해전에서 22척의 배가 파괴되거나 나포되는 참패를 겪었다. 이후로 해상권은 영국이 장악하게 되었고, 프랑스군은 해군이 아니라 육군에 치중하게 되었다.

당시 유럽은 산업 혁명의 결과로 엄청나게 많은 물자가 필요했는데, 대부분의 물자가 영국이 배로 가져오는 것들이었다. 나폴레옹은 영국을 정복하는 길이 막히자, 영국을 무력화하기 위해서 대륙 봉쇄를 감행하였다. 그 내용은 유럽 대륙 내 나라들의 영국과의 무역 금지, 영국 배의 대륙 항구 기항 금지, 영국 배의 몰수 조치 등이다. 이 조치는 영국에 큰 타격을 주었다. 유럽으로부터 전등에 쓸 양초를 수입하지 못한 영국 런던의 밤거리는 당장에 암흑천지가 되었다. 영국은 재빠르게 다른 대안을 내놓을 수밖에 없었다. 그래서 등장한 것이 가스를 사용한 가로등이었다.

　나폴레옹의 의도대로 대륙 봉쇄는 영국을 힘들게 만들었지만 물품 수입의 길이 막힌 유럽 국가들의 원성은 더 커져가기만 했다. 그러나 유럽 국가들도 마냥 손을 놓고만 있지는 않았다. 그들도 대안을 찾기 시작했는데, 사탕무를 통한 설탕의 제조 기술이 그중의 한 가지이다. 이전에는 설탕 수입을 영국에 의존하고 있었는데, 사탕무에서 설탕을 추출하는 기술을 발견함으로써 설탕의 수요를 어느 정도 대체할 수 있게 된 것이다.

　하지만 커피의 경우는 그 대안을 찾기가 쉽지 않았다. 특히 나폴레옹은 커피 애호가로 알려져 있는데, 그가 지속적인 위장병으로 고생했던 이유도 지나치게 커피를 마셔서이지 싶다. 프랑스인들의 큰 사랑을 받고 있던 커피가 수입이 안 되니 나폴레옹도 곤란하기는 마찬가지였다. 그래서 찾은 대안이 치커리 커피였다.

　이전까지만 해도 치커리는 아무 맛도 없고 영양 성분도 대단한 것이 없다고 여겨져, 길가에 아무렇게나 자라나는 그저 그런 식물이었다. 커피처럼 카페인이 없어서 각성 효과도 기대할 수 없었지만, 궁해진 나머지 커피처럼 강하게 볶아 끓여 마셔보니 제법 커피 대용품으로 쓸 수 있었던 것이다.

　그렇다면 대륙 봉쇄의 결과로 만들어진 커피 대용품 치커리 커피의 운명은 이후에 어떻게 되었을까? 질 좋은 커피가 많이 생산되고 수입과 수출이 자유로운 오늘날도 많은 지역에서, 심지어 유명한 커피의 생산지에서도 치커리는 커피와 적당한 비율로 섞여 판매되고 있다. 아마도 오랫동안 길들여진 식감과 역사 속에 자리 잡은 치커리 문화의 결과라고 생각된다.

오스트리아 커피숍의 성공 비결

　비엔나커피는 어린 시절 커피에 대해 호기심을 갖게 해준 커피다. 아이스크림을 얹은 커피는 보기에도 맛있어 보였고, 언젠가는 한번 먹어보고 싶은 그런 음료였다. 필자가 오스트리아 빈에 갔을 때 비엔나커피란 메뉴가 없다는 사실을 알게 되었는데, 그 대신 아인슈페너 커피가 어렸을 적 보았던 커피와 비슷했다. 아인슈페너 커피는 마부들이 운행을 나가기 전에 뜨거운 커피를 빨리 마시기 위해서 식혀 마시라고 카페 주인이 만들어준 것이 그 시작이라고 한다.

　오스트리아의 커피숍은 빈에서 시작되었다. 그리고 그것은 정복에 나선 합스부르크 왕가의 지배자들과 함께 주변 국가로 퍼져나갔다. 마리아 테레지아가 18세기 중반에 커피 제조업자들의 조합과 맞섰을 때에 커피숍은 잠시 위기를 맞았지만, 이를 철폐한 후에 커피숍은 우후죽순처럼 늘어났다. 빈 사람들의 생활은 커피숍을 중심으로 이어졌다. 그들은 커피숍에서 아침 식사를 했다. 그들은 하루에 세 번 그곳에 드나들었는데 특별한 일이 없는 한 아침 여덟 시에서 아홉 시 사이에, 그리고 오후 정각 세 시, 마지막으로 저녁

아홉 시와 열 시 사이에 방문했다. 커피숍을 세 번 방문하는 습관은 대부분 확고하게 지켜졌다.

　커피숍 주인이나 종업원들은 손님을 대하는 데에 있어서 그들을 만족시키기 위해 섬세한 기교를 사용했는데, 바로 특별한 호칭을 부여하는 것이었다. 신분이 높은 사람들의 이름에는 폰(Von)이라는 호칭을, 성직자들에게는 교수님, 박사님 등의 호칭이 덧붙여졌다. 호칭은 대부분 신분보다 높게 붙여졌으며, 자주 방문하는 손님일수록 더 환영받았다. 커피숍마다 단골이 있었는데, 만약에 그 단골을 잃어버리게 된다면 이것은 커피숍 주인의 수치로 여겨질 만큼 손님을 중요하게 생각했다.

　빈 사람들이 커피숍을 열광적으로 찾게 된 이유는 대략 두 가지였다. 첫 번째는 당구대였고, 두 번째는 신문이었다. 당시의 당구대는 마치 오늘날의 볼링과 비슷했는데 당구 요금은 포도주 2리터를 살만큼 비쌌지만 당구대 주변으로는 언제나 사람들이 몰려들었다. 여흥을 즐기기에 충분한 오락 시설이 마련되어 있었다는 것이 첫 번째 성공 이유였고, 신문은 더 중요한 성공 요인이었다. 신문을 카페에 처음 비치한 사람은 크라머라는 카페 주인이었는데 그는 상인들과 작가들, 성직자들과 공무원들이 새로운 소식에 대한 욕구를 갖고 있다고 생각했고, 실제로 이는 대단한 성공으로 이어졌다. 그는 독일어로 간행된 신문과 잡지, 이탈리아어, 프랑스어, 영어로 간행된 모든 신문들과 잡지들을 정기구독했다. 이를 위해서는 대단히 많은 돈을 지출해야 했지만, 크라머의 카페는 독서실로 변모하였고 호기심 때문에 일부러 카페에 찾아오는 손님들까지 생겨나기도 했다고 한다.

빈의 커피숍 인테리어는 비교적 단순했다. 치장이라고는 로코코 스타일의 곡선 장식이 달린 거울 몇 개가 전부였다가 점차 화려해지기 시작했다. 1820년 프랑켄가에 문을 연 은색 커피숍에서 처음으로 비싼 장식들을 사용한 인테리어 장식이 등장했다. 주인인 이그나츠 노이너는 모든 식기와 서비스 기구, 그리고 외투와 모자를 걸 수 있는 벽걸이도 은으로 주문 제작했다. 이전에는 커피숍 출입을 주저하던 여성들이 화려한 장식에 반해 이 카페를 자주 드나들었다고 한다.

오스트리아 커피숍의 성공의 비결은 고객 만족에 있었다. 그들은 자기들이 할 수 있는 한 최대로 손님들을 행복하게 만들어주려 했고, 이것은 카페의 성공으로 이어졌다. 오락에 관한 욕구, 문화에 대한 욕구, 그리고 화려함에 관한 욕구 등 손님을 행복하게 하려는 노력이 이어졌던 것이다.

오늘날 대한민국의 카페들은 손님들을 위해서 어떤 노력을 기울이고 있는지, 새로운 시도는 하고 있는지 생각해볼 일이다.

타우바테 협정과
과잉 생산의
딜레마

지난 2월 기준 우리나라 쌀 재고량은 정부 관리 양곡과 민간 재고를 합쳐 351만 톤으로, 통계 작성 시작인 1970년 이후에 최고치에 달한다고 하며 벼농사 수익률은 50%까지 떨어져 역대 최고치를 나타내고 있다고 한다. 뿐만 아니라 쌀 재고 관리 비용이 연간 5,000억 원에 달한다고 한다.

대부분 '커피' 하면 브라질을 떠올리지만, 브라질은 커피 때문에 살기도 하고 국가적으로도 큰 위기를 만나기도 한 나라다. 특히 커피의 대량 생산과 쌓이는 재고로 인해 위기를 겪었던 일이 있었다.

19세기에 커피를 마시는 세계 인구가 늘어가면서 브라질에서는 커피가 곧 돈이라는 공식이 성립되고 있었다. 지주들은 커피 농사에 뛰어들었고, 브라질의 밀림을 파괴하며 농장을 만들고 수많은 커피나무를 심었다. 커피는 좋은 가격에 거래되고 있었기에 이는 분명히 남는 장사처럼 보였다.

사람들은 주로 여섯 가지 품종을 재배했으며 대부분 브라질의 국민 커피인 크레오로(Creolo) 종이었다. 그다음으로는 냉해와 바람에는 약하지만 부드러운 맛이 나는 부르봉(Bourbon) 종이 재배되었다. 이 품종은 크레오로 종보다 수명이 짧았지만 그 대신에 더 많은 열매를 맺었다. 보투카투(Botucatu), 또는 옐로우 버번이라고 불리는 품종은 카페인 함유량이 많고 그 열매는 익어서도 노란색을 띠었다.

자바 커피는 이른 시기에 브라질로 옮겨 와 재배되었으나 수확량이 많은 대신 맛이 좋지 않았고, 그다음으로 가장 키가 큰 마라고지페(Maragogpe) 종은 수확량이 많지 않았다. 그래서 시도된 것이 부르봉과의 교배 품종이었는데 열매가 많이 맺히고 맛도 좋았다.

마침내 1906년이 되었을 때 브라질 국민 재산의 약 90%가 커피 재배에 투자되었고 신규 수확량이 2,000만 자루 정도로 짐작되었다. 하지만 너무 많은 양의 커피가 생산되면서 브라질 경제에 위기가 찾아왔다. 커피 가격이 폭락한 것이다. 이 사실은 많은 돈을 벌기 위해서 커피나무를 심고 농장을 확장했던 사람들에게는 재앙과도 같았다.

이때 세계 경제사에 기록될 만한 일인 타우바테 협정(Convenio di taubate')이 이루어졌다. 이것이 세계 최초의 정부 수매에 의한 가격 보호 조치이다. 시칠리아노라는 사람에게서 이 아이디어가 나왔는데, 그는 상파울루 출신으로 이탈리아계 브라질 사람이며 경작자이자 상인이었다.

그가 제시한 방법은 구약 성경 창세기에 나오는 애굽의 총리대신 요셉의 정책에서 착안한 것이라고 한다. 먼저 정부는 브라질 전체에 새로운 커피 경작을 금지하는 법령을 선포한다. 그 후에 정부가 큰 부담 없이 중간 상인의 역할을 맡아 수확물을 싼 가격에 사들이고, 시간이 지나 시장이 유리하게 되면 커피를 되파는 방식을 취하는 것이다. 브라질 정부는 1913년 2월까지 이 정책을 통해 커피의 과잉 생산 문제를 해결하는 듯했다.

하지만 브라질 커피의 위기는 새로운 국면으로 접어들었다. 맛보다는 양을 중시하여 생산의 양만 늘려왔던 브라질 커피 정책의 한계가 드러난 것이다. 세계의 커피 소비자들은 톡 쏘는 맛을 내는 브라질 커피의 맛을 외면하고, 이보다 훨씬 부드럽고 마일드한 맛과 향을 내는 브라질산 이외의 커피를 선호하기 시작했다. 이는 브라질이 커피의 대량 생산에만 몰두해 맛과 향에 신경을 쓰지 않는 동안, 주변국들이 커피의 질적 향상에 매진한 결과였다.

콜롬비아, 니카라과, 코스타리카의 부드러운 커피들이 브라질 커피를 대체하면서 브라질 커피는 설 자리를 잃어가기 시작했다. 브라질 정부도 재정난이 심각해져서 더 이상 브라질 커피의 높은 가격을 보장해주는 정책을 유지할 수 없게 되었다.

드디어 1929년 10월에 브라질 경제의 핵심 커피연구소(Instituto do Cafe')가 무너져 내렸고 1931년 브라질의 커피 가격은 폭락했다. 이미 수확한 커피가 제값을 받지 못하게 되자 대규모로 커피 열매를 소각하는 일이 일어났고, 심지어 커피 열매를 석탄처럼 가공하여 연료로 사용하는 일까지 발생했다.

과잉 생산의 딜레마를 극복하는 방법은 무엇일까? 일단 다양한 품종을 개량하는 것이다. 맛과 향이 뛰어나고 영양 성분도 좋은 상품을 생산해낸다면, 소비자들은 값이 비싸도 이를 선택하게 될 것이다. 이것이 위기를 극복하는 방법이 될 것이다.

대한민국은 지금 커피 전쟁 중이다. 골목마다 카페들이 즐비하고, 가격

경쟁이 붙어 천 원짜리 커피도 쉽게 찾아볼 수 있다. 1리터에 가까운 커피를 저렴한 가격에 판매하는 카페도 있다. 수많은 카페들이 원가에 턱없이 못 미치는 가격으로 커피를 팔다가 더 이상 못 견디고 문을 닫는다. 맛과 향보다 양을 중시해서 무조건 많이 생산하던 브라질 커피 시장의 몰락을 보는듯 하다.

이 치열한 전쟁터에서 살아남는 방법은 무엇일까? 양보다 질, 맛과 향의 질을 높이는 차별화만이 소비자의 선택을 받는 가장 확실하고도 좋은 길이 아닐까?

믹스 커피의 애환

장 박사는 자타가 인정하는 커피 마니아다. 그는 핸드드립 기술을 배워 연구실에서 직접 브루잉(Brewing) 커피를 즐긴다. 영국 맨체스터 대학에서 유학할 당시부터 커피를 즐겼지만 귀국 후 대학에서 교편을 잡으면서 제대로 커피를 즐기며 사는 법을 배우게 된 요즘이 정말 행복하다.

장 박사가 어느 날 세미나에 참석했는데, 준비된 음료가 믹스 커피밖에 없었다. 장 박사는 거침없이 믹스 커피를 타서 마셨다. 같은 대학의 다른 교수가 장 박사를 향해 물었다.

"장 박사님도 믹스 커피 드세요? 장 박사님은 이런 거 안 드시는 줄 알았어요."

장 박사는 환하게 웃으며 대답했다.

"믹스 커피도 맛있어요. 사람들은 제가 믹스 커피를 안 마시는 줄 알지만 가끔은 마시고 싶을 때가 있답니다."

봉지 커피라고도 불리는 믹스 커피 속에는 분말(粉末)화한 커피 가루가 설탕과 크리머와 함께 적당한 비율로 담겨져 있다. 추출된 커피를 분말로 만들지 못했다면 믹스 커피는 탄생하지 못했을 것이다.

그렇다면 최초로 커피를 분말로 만드는 기발한 생각을 한 사람은 누구일까?

일본계 미국인인 사토리 카토 박사가 그 주인공이다. 시카고에 거주하는 그는 1899년에 가루로 만든 차(茶)를 만들어 판매했다. 획기적인 일이었지만 차를 빠르고 쉽게 마실 수 있도록 하는 이 발명은 그다지 사람들의 주목을 받지 못했다. 왜냐하면 오늘날과는 달리 당시의 가정주부들은 남아도는 것이 시간이었기 때문이다. 바로 그 가토박사가 1901년에 미국 박람회에서 최초로 물에 녹는 가루 커피(Soluble Coffee)를 선보였다. 이 발명품은 사람들의 주목을 받았는데 끓는 물을 커피 가루에 부으면 커피 한 잔이 곧바로 만들어졌기 때문이다. 하지만 이 커피는 맛과 향이 제조 과정에서 날아가서 쓴 맛만 남은 맛없는 커피였기에 사람들의 외면을 받았다. 그럼에도 가토의 실험은 인스턴트커피의 시작을 알리는 의미 있는 일이었다.

그로부터 5년 뒤인 1906년에 조지 워싱턴이라는 이름의 약사가 가루 커피를 상업화하고 이를 시장에 내놓았다. 미국 대통령과 동명이인인 그가 만든 이 커피 역시 사람들의 관심을 끌지는 못했다. 하지만 전쟁이 상황을 바꾸어놓았다. 전쟁터에서는 보다 빨리, 편리하게 만들 수 있는 커피가 필요했는데 이 인스턴트커피가 바로 거기에 딱 맞는 조건을 가지고 있었다.

1차 세계 대전 당시 미군은 병사들에게 막대기, 알약, 조그만 캡슐 형태의 커피를 만들어 지급하였다. 전쟁터에서 마시는 커피 한잔은 병사들의 사기를 끌어올렸다. 그렇다면 미국의 인스턴트커피 시장의 승자는 누구였을까? 네슬레의 네스카페였다. 네슬레가 만든 이 커피에는 맥아(麥芽)와 다른 첨가물들이 들어 있어서 다른 분말 커피와는 다르게 맛이 있었기 때문이다.

인스턴트커피에 생명력을 불어넣은 것은 우리나라의 동서식품이다. 동서식품은 1976년에 분말 커피와 설탕, 그리고 크리머를 잘 배합한 맥스웰하우스 커피믹스라는 제품을 세계 최초로 개발했다. 이 커피는 한국인의 입맛뿐만 아니라 전 세계인의 입맛을 훔쳤다. 동남아시아를 비롯하여 미국 본토에까지도 맥심 믹스 커피가 사랑을 받기 시작했다. 중국인들도 맥심의 맛에 빠졌고, 최근에는 중국 상인들에 의하여 북한에도 맥심이 들어갔는데 그 인기가 대단하다는 이야기가 전해진다.

하지만 최근에는 믹스 커피의 고민도 깊어지고 있다. 과거와는 달리 사람들의 입맛이 까다로워지고, 믹스 커피보다는 에스프레소와 브루잉 커피 쪽으로 사람들의 선호도가 높아지고 있기 때문이다. 가토 박사가 분말 커피를 만들어 새 시대를 열었던 것처럼, 동서식품이 분말 커피와 설탕, 크리머를 황금 비율로 배합한 믹스 커피를 만들었던 것처럼, 이제 커피 업계도 새로운 컬래버레이션(Collaboration)을 고민해야 할 때이지 않을까?

제 2 장

커피와 문화

커피 올림픽

　　2016년 여름, 브라질 리우에서 올림픽이 열렸다. 우리나라를 비롯하여 전 세계 206개국의 선수들이 이번 리우 올림픽에 참가했다.

　　참가 선수만 1만 903명이며 이들이 28개 종목, 306개의 세부 경기에 참가하여 그동안 갈고 닦은 실력을 겨루는 것이다.

　　올림픽은 나라가 다르고 민족과 문화가 다른 사람들이 스포츠로 하나 되는 어울림의 장인데, 이번은 최초로 중남미에서 열린다는 의미가 있다.

　　브라질은 커피의 최대 산지이다. 전 세계인들이 브라질 커피에 의존한다. 가뭄이나 병충해 때문에 브라질 커피 생두의 수확량이 줄어들면 전 세계 커피 가격이 폭등한다. 이쯤 되면 커피의 고향까지는 아니더라도 커피의 큰집쯤은 된다.

　　이곳에서 올림픽이 열렸다. 인종과 나라, 문화가 다른 선수들이 최선을 다해 기량을 겨루는 모습이 흡사 커피 블렌딩과 비슷하다는 생각이 든다.

　　커피는 품종마다 맛과 향이 다르다. 생산 고도에 따라서 품질도 달라진다. 농장의 흙인 테루아에 따라 다른 맛이 나며 심지어 같은 품종이라도 일조량의 많고 적음이나, 해안가에 심겼는지 산악 지대에 심겼는지에 따라 맛과 향이 달라진다.

　이렇게 다른 커피 생두를 가지고 최선의 맛과 향을 내야 하는 것이 커피 로스터의 과제이다. 예를 들자면 어떤 생두는 향과 산미가 강하지만 쓴맛이 약하고, 다른 것은 다크 초코 같은 기분 좋은 쓴맛이 장점이지만 산미와 향이 부족하다면 블렌딩 기술을 통해 서로의 단점을 보완해줄 수 있다. 실력 있는 커피 로스터는 생두들의 특징을 잘 파악해서 최선의 커피 블렌딩을 완성한다.

　일반적으로 아프리카산 커피는 향과 산미가 좋고, 중남미는 견과류와 허브향이 특징이며, 아시아산 커피는 쓴맛과 바디감이 일품이라고 알려져 있다.

　그렇다면 브라질 커피는 어떤 특징을 가지고 있을까? 브라질 커피는 자기 자신은 그다지 화려하거나 독특한 특징이 없어도 어떤 커피와 블렌딩을 해도 잘 어울려서 다른 커피의 장점을 잘 살려준다는 장점이 있다.

　브라질 커피가 다른 나라의 커피 생두들의 장점을 잘 부각시켜주듯, 그래서 커피 블렌딩을 통해 서로 다른 커피들이 잘 어우러져 맛과 향이 좋은 커피가 탄생하는 것처럼, 이번 브라질 올림픽을 통해 인류가 하나 되며 평화와 화합이 이루어지기를 소망한다.

브라질 그리고 커피

　인류 최대의 축제가 브라질의 수도 리오에서 열렸다. 브라질 하면 떠오르는 것은 단연 커피이다. 커피의 최대 생산국이자 수출국인 브라질에서 올림픽이 열렸는데 이상한 점이 있다. 그것은 올림픽 개회식이나 폐회식을 비롯하여 모든 행사에서 커피에 관한 언급이 하나도 없었기 때문이다.

　생각 같아선 메달도 커피 생두 모양으로 만들었다면 그야말로 히트 상품이 될 수 있었지 않았을까? 하지만 커피의 냄새조차 풍기지 않았다. 대신에 개회식과 폐회식의 클라이맥스에는 어김없이 거대한 생명을 상징하는 나무가 등장했다. 아마존 밀림의 생태계를 잘 보존하겠다는 의지를 피력한 것으로 보인다. 이번 올림픽을 보면서 브라질이 커피에 관해 갖고 있는 생각을 조금은 읽을 수 있었다.

　브라질에서 커피의 역사는 1723년부터 시작된다. 남아메리카에 있는 모든 커피는 테클리외 대위가 프랑스에서 마르티니크로 가져온 커피나무로부터 시작되었다. 브라질에서 커피가 본격적으로 재배된 것은 1735년 이후의 일이다. 당시에 네덜란드는 아메리카 가이아나의 수리남에서 커피를 재배하고 있었는데, 그들은 커피 종자를 이웃 나라에 판매하는 것을 금지했다. 이를 어길 경우 사형에 처할 수도 있었다. 금지령의 목적은 프랑스인과 네덜란드인을 제외한 그 어떤 아메리카인들도 커피 농장을 차리지 못하게 하는 것이었다.

당시에 프랑스인들과 네덜란드인들이 땅의 경계를 가지고 다투는 일이 많았는데 이 문제를 해결하기 위하여 브라질 파라 출신의 공무원 팔헤타라는 사람을 불렀다. 그는 매혹적인 음악으로 프랑스 총독의 부인을 매수하는 데에 성공했다. 축제가 벌어지는 가운데 총독의 부인은 팔헤타에게 향기로운 꽃다발을 선물했는데, 그 속에는 잘 익은 커피 열매 한 주먹이 들어 있었다. 팔헤타는 그 선물을 가지고 재빨리 배를 타고 아마존 강 어귀로 갔고 그곳에서 커피는 브라질 전역으로 퍼져나가게 되었다.

브라질은 커피 재배를 서두르지 않았다. 파라에서 오늘날 주산지인 상파울루의 고산 지대로 퍼져나가기까지는 50년 이상이 걸렸다. 사탕수수 농장이 브라질 전역에 이미 자리 잡고 있었기 때문이다. 하지만 미국을 비롯한 전 세계에서 커피의 수요가 폭발적으로 급증하자 브라질은 대규모로 커피 농장을 일군다.

이때 커피를 파종한 토지는 대부분 원시림을 파괴하고 만든 땅이었다. 식민지 이주민들과 그들의 노예들은 브라질의 밀림 속으로 들어가 거대한 나무들을 파괴하며 그곳에 불을 놓아 다 태워버린 후에 그곳에 커피 농장을 일궜다. 이 때문에 브라질의 커피 산업은 폭발적으로 성장할 수 있었지만 브라질의 원시림은 급속도로 파괴되어 나갔다.

이만하면 브라질 올림픽에서 커피가 전혀 언급되지 않은 이유를 알 수 있을 것 같다. 브라질은 세계 최대의 커피 생산국이자 수출국이지만 아마존 밀림 파괴의 아픔을 간직하고 있기 때문이 아닐까?

똥과 커피

　세상에서 가장 보잘것없고 가치가 없어 보이는 것이 있다면 무엇일까? 우리 속담에 '개똥도 약에 쓰려면 없다'는 말이 있다. 그만큼 가장 흔하지만 가장 가치가 없는 것이 똥이라는 것이 통념이다.

　생태계에서 먹이 사슬의 맨 꼭대기에 있는 인간으로부터 아래로, 모든 포식자들은 똥을 배설한다. 육식을 하는 동물들은 육식의 똥을, 채식을 하는 동물들은 채식의 똥을 배설한다.

　똥이 과연 아무런 가치가 없을까? 과거 우리나라 농촌에서는 인분을 모아서 퇴비를 만들어 거름으로 밭에 주었다. 인분을 뿌려주면 밭의 작물들이 아주 싱싱하고 건강하게 자라났다. 그래서 과거에 어른들은 사람이 건강하게 살려하면 자기 똥을 먹고 살아야 한다고 했던 것 같다. 인분의 부작용은 회충이었다. 인분을 뿌린 농작물들은 어쩔 수 없이 회충의 알을 매개하는 역할도 했기 때문이었다.

　인분은 더 이상 뿌려지지 않고 그 대신에 인공 화학 비료가 뿌려진다. 이렇게 자라난 식물들은 사람들에게 건강한 식탁을 보장해주지 않는다.

오늘날 과거에 무시되던 똥의 중요성이 부각되고 있다. 그래서 새롭게 등장한 말이 '똥 마케팅'이라는 말이다. 어쩌면 똥을 어떻게 활용하느냐에 인류의 미래가 달려 있지 않을까 싶다.

커피와 똥은 전혀 어울리지 않는 단어의 조합 같지만, 사실 똥과 커피는 밀접한 연관성이 있다. 가장 비싼 커피 중의 하나인 '코피 루왁'이 바로 똥에서 탄생한 것이기 때문이다. 루왁은 족제빗과에 속하는 잡식성 동물이다.

커피의 수확 기간은 대략 삼 개월이다. 이 기간 동안 인도네시아 산림에서 루왁은 커피나무들을 돌아다니며 잘 익은 커피콩을 따서 과육은 버리고 달콤한 점액질과 함께 커피 씨를 삼킨다. 커피 씨는 루왁의 위와 장을 통과하면서 점액질 부분이 제거된 상태로 똥으로 배출된다. 루왁은 커피 열매만 따서 먹는 것이 아니라 바나나와 열대 과일, 작은 동물과 곤충들을 먹는데, 이런 이유로 커피의 빈(Bean)이 루왁의 소화기를 통과하면서 독특한 향을 얻게 되는 것이다.

루왁은 똥을 배설하는 자기만의 화장실을 가지고 있다. 그래서 루왁의 배설 장소를 잘 알고 있는 원주민들이 이 동물의 똥을 수집할 수 있다. 이렇게 모은 똥을 중간 수집상들이 사들이고, 세척과 선별 과정을 거쳐서 비싼 가격으로 판매한다.

인도네시아 자카르타의 번화가 카페에 가면 코피 루왁 한 잔에 우리 돈으로 10만 원에 판매하는 곳이 있다고 하니 똥에서 탄생한 커피 가격이 그야말로 놀랍지 않은가?

돔배고기와 아인슈페너 커피

제주도에 가면 '돔배고기'라는 음식이 있다. 제주도 방언으로 '돔배'는 '도마'를 의미한다. 돼지고기를 비계째 듬성듬성 썰어낸 이 음식은 기름기가 많아 높은 열량으로 힘을 내게 해줄 뿐만 아니라 식감도 부드러워 가히 제주도의 대표 음식이라고 할 만하다. 최근에는 국수 위에 돔배고기를 얹어 만든 고기국수도 인기가 많다고 한다.

소문난 맛집에 찾아가서 돔배고기를 주문하니 제주도산 돼지고기가 식칼로 듬성듬성 썰려 도마째 나왔다. 한 입에 먹기에는 조금 부담스러운 크기였다. 한 점 입에 넣고 씹어 보니 입 안 가득 돼지비계의 기름이 부드럽게 퍼지는 것이 마치 버터를 먹는 것처럼 부드럽고 맛있어 인상 깊었다.

사실 내 취향에는 돔배고기보다 삼겹살이나 돼지 목살이 더 맞다. 일단 같은 값이면 삼겹살이 더 푸짐하기도 하고 기름도 적당히 빠져서 담백하기도 하다. 삼겹살이 가성비가 좋은 서민의 음식이라면 돔배고기는 가심비가 좋은 음식이라고 할 수 있겠다.

돔배고기는 제주 흑돼지라는 상징성과 그 지역의 대표 음식이라는 점,

그리고 지니고 있는 이야기가 흥미롭다. 돔배고기에는 특별한 이야기가 전해오기 때문에 가성비를 따지는 나조차도 제주도에 가면 반드시 한 끼는 돔배고기를 먹고 온다.

이처럼 스토리텔링(storytelling)은 음식이나 음료의 가치를 높여준다.

돔배고기의 유래를 보면 커피의 유래와 오버랩이 되어 매우 흥미롭다. 돼지고기를 왜 도마 위에 올려놓고 먹게 되었을까?

오래전 제주에서 어부들이 물고기를 잡기 위해 바다로 나갈 때, 아낙네들이 남정네의 허기를 달래줄 요량으로 급하게 돼지고기를 삶아 그릇에도 담지 못하고 도마 위에다 고기를 듬성듬성 잘라 입에 넣어준 것이 유래가 되었다고 한다. 먼바다에 나가 배 위에서 가족의 생계를 위해 그물질할 남편들을 위해 배라도 든든하라고 급하게 입에 넣어준 돼지고기 수육, 제주 아낙네들의 정감이 느껴졌다.

커피에도 이와 유사한 이야기가 있다.

아인슈페너(Einspänner) 커피는 마부의 커피라는 별명이 있다. 이 커피는 우리나라에 소개될 때 '비엔나커피'라는 이름으로 변형되어 전해졌다. 학창 시절에 청파동의 음악다방에서 아이스크림을 넣은 비엔나커피를 먹는 것은 대단한 사치였다. 사실 생크림을 넣어야 했지만 그 당시 다방에서는 생크림이라는 개념 자체가 없었다. 생크림을 대신하여 바닐라 아이스크림을 넣어주었던 기억이 난다. 청춘의 설렘처럼 그 달달하고 쌉쌀했던 비엔나커피가 사실은 아인슈페너 커피였다는 것을 안 것은 그 후로도 오랜 세월이 흐른 뒤였다.

오스트리아 빈에서 유래되어 비엔나커피로 알려진 아인슈페너 커피는 마부들이 급하게 일하러 나갈 때 허기를 달래기 위해서 생크림을 잔뜩 넣은 커피를 마신 것에서 유래되었다. 밥 먹을 틈도 없이 급하게 마차를 몰고 나가는 마부들, 배고픔과 졸림을 방지하기 위해 마신 이 커피의 유래가 돔배고기의 유래와 흡사하다.

필자가 오스트리아 빈에 갔을 때 그곳에서 가장 오래된 카페를 찾았다. 그리고 아인슈페너 커피와 케이크를 주문했는데, 역사는 오래되었지만 맛은 기대에 못 미쳤다. 작은 도자기 컵에 주는 커피로는 역사의 감동을 느끼기 어려웠다. 마부들이 배고픔을 잊기 위해 마신 정도라면 머그 컵 정도는 돼야 그 느낌을 살릴 수 있었을 것 같다는 생각을 했다.

돔배고기와 아인슈페너 커피, 지역은 달라도 배고픔이라는 인간의 본능이 만들어 낸 음식이다. 여기에 스토리까지 덧붙여지니 가치와 생명력이 부여된다.

필요가 있으면 음식이 만들어진다. 그리고 스토리가 있으면 그 생명력이나 가치가 오래간다. 우리 인생살이도 언제나 정감 있는 이야기로 풍성하면 좋겠다.

제 3 장

커피와 과학

갓 따온 상추와 갓 볶은 커피

집 앞 텃밭에 나가 갓 따온 상추에 고추장, 된장을 얹어 먹는 기분은 분위기 좋은 어떤 레스토랑에서 먹는 음식과 비교해도 전혀 손색이 없다. 그것은 신선함이 주는 선물이다.

아무리 훌륭한 셰프도 신선한 재료를 쓸 수 없다면 좋은 음식을 만들어 낼 수 없다. 신선함이 주는 선물이 최고의 선물이다.

커피도 마찬가지이다. 대형 마트에 진열된 커피의 유통 기간은 대략 1년이다. 어떤 경우는 2년이라고 기록한 경우도 있다. 유통 기간이라는 말은 판매를 위해 유통할 수 있다는 뜻일 뿐, 맛과 향의 퀄리티를 보장한다는 뜻은 아니다. 미국 공장에서 로스팅한 커피가 국내 대형 매장에 진열되기까지는 최소 3, 4개월이 걸린다. 배를 타고 통관하는 복잡한 과정을 거치기 때문이다. 그런 커피 원두에서 신선한 향을 기대하는 것은 애당초 불가능한 것이다.

오늘날 저가를 강조하는 프랜차이즈 시장이 확산되면서 국내 커피 시장이 과열되는 양상이다. 하지만 자세히 살펴보면 커피 소비자층은 점점 더 신선한 커피를 찾는 쪽으로 나아가고 있다. 이것은 자연스러운 현상이다. 먹어본 사람은 신선함의 의미를 안다. 커피는 배부르라고 먹는 음료가 아니다. 기분이 좋아지라고 마시는 기호 식품이다. 따라서 돈의 여유만 있다면 싼 커피가 아니라 신선하고 향기로운 커피에 눈을 돌리게 되어 있다.

우리 아파트 단지 입구에는 일주일에 한 번씩 뻥튀기 장사가 찾아온다. 동네 아주머니들은 일주일 동안 그가 오기만을 기다렸다가 재빨리 나가 줄을 서서 여러 가지 곡물들을 튀긴다. 한 번 튀기는 데 5천 원, 가지고 나간 곡물을 다 튀기려면 2~3만 원이 든다고 한다. 결코 적지 않은 비용을 지불하면서도 거기서 곡물을 튀기는 것은 신선함 때문일 것이다. 19세기와 20세기 초 프랑스에서는 단순한 로스팅 기계를 가지고 도시와 마을을 돌아다니며 길거리에서 커피를 로스팅하고 판매했다고 한다.

아마도 신선한 커피 향미를 추구하는 사람들이 많아지면, 마치 뻥튀기 장사처럼 우리나라 도시의 거리에서도 커피를 로스팅해서 판매하는 트럭을 볼 수 있지도 않을까?

물을 다스리는 자가 커피를 지배한다

　커피를 맛있게 볶았으면 그다음에는 좋은 향미를 추출하여 맛있는 커피를 마시는 일만 남았다. 어떻게 해야 맛난 커피를 추출할 수 있을까? 그 해답은 물에 달려 있다. 커피 속에 있는 성분들이 물을 통해서 나오도록 만든 것들이 커피 도구들이다. 커피는 볶은 상태 그대로 먹거나 가루를 내서 먹을 수도 있다. 하지만 누가 그렇게 먹겠는가? 물로 성분을 추출해서 마시는 것이 가장 맛있는 방법임을 1,500년의 역사를 통해서 인류는 체험으로 습득했다.

　커피는 음료이다. 마시는 것이기 때문에 물이 필요한 것이다. 하지만 아무 물이나 사용해서는 안 된다. 맛있는 커피를 추출하기 위해서는 물이 중요하다. 커피 원두의 성분 중에서 물에 녹아 나오는 가용성 물질은 대략 27퍼센트이다. 나머지 73퍼센트는 물에 녹지 않는 성분이다. 커피를 물로 추출할 때에 성분들이 너무 쉽고 빠르게 빠져나와도 안 되고, 너무 늦게 조금만 녹아 나와도 안 된다. 대략 18~22퍼센트의 성분이 녹아 나오면 가장 맛있는 커피가 된다.

　제대로 된 커피 추출을 위해서는 물의 성분이 중요하다. 물의 종류 중에는 광물질이 많이 포함되어 있는 경수(硬水)와 그렇지 않은 연수(軟水)가 있다. 경수는 미네랄 성분이 커피의 추출을 방해한다. 연수는 커피를 추출하기에 가장 좋은 물이다. 우리나라는 수돗물이 대표적인 연수이기 때문에 핸드드립 커피의 경우 수돗물을 받아서 커피를 추출하면 좋다. 에스프레소 머신을 사용하는 경우, 수돗물에 포함되어 있는 각종 성분들이 머신 내부에 쌓이는 관계로 기계를 오래 사용하려면 값이 비싸도 반드시 좋은 정수기 필터를 연결해서 사용해야 한다.

물을 잘 다스리는 자가 천하를 지배한다는 중국의 고사(古史)가 있다. 요순시절에 치수 공사에 전념해서 마침내 물을 다스린 '우'라는 사람이 중국 고대 왕조의 시조가 되었다는 이야기이다. 이 말은 커피에도 그대로 적용된다. 물을 다스리는 자가 커피 시장을 다스린다. 오늘날 커피 시장에서는 콜드브루(Cold Brew) 커피가 대세로 떠오르고 있다. 콜드브루 커피는 말 그대로 찬물로 내린 커피이다. 한국야쿠르트가 미국 바리스타 챔피언 찰스 바빈스키와 손을 잡고 출시한 더치커피는 배달 전용 상품이지만 하루 평균 10만 개가 팔린다고 하니 물을 다스리는 자가 세상을 다스린다는 말이 실감이 나지 않는가?

운하와 문명, 그리고 커피

아프리카 대륙 바로 옆에 홍해를 끼고 있는 아라비아반도의 남서쪽에 자리 잡고 있는 나라가 바로 예멘이다. 예멘은 아프리카와 중동에서도 손꼽히도록 날씨가 좋은 곳으로 농작물을 경작하기에 유리한 곳이다. 역사 속에서 커피를 최초로 경작한 곳이 예멘인데, 좋은 날씨 덕분에 예멘 커피는 품질이 뛰어나기로 유명하다. 예멘의 항구 모카는 커피 수출항으로 명성을 날렸고, 그래서 이곳에서 생산된 커피에 모카커피라는 이름이 붙여졌다. 이 커피는 반 고흐가 사랑했던 것으로 알려졌으며 고흐의 팬들은 고흐와 소통하는 길은 모카 마타리를 마시는 방법밖에 없다고 여긴다고 한다. 모카커피는 커피의 대명사이기도 하며, 지금은 명성이 조금 퇴색했어도 여전히 세계 3대 커피 중의 하나로 손꼽힌다.

아쉽게도 이 나라가 오랜 내전 중이라 커피의 품질을 보증해줄 수 없는 지경에 이르렀고, 그 대신에 커피 전문가들은 파나마 에스메랄다 농장의 게이샤 커피를 3대 커피로 평가한다. 유엔에 따르면 예멘 내전으로 지금까지 1만 명의 사람들이 사망했다고 하니 그야말로 커다란 비극의 땅이라고 할 수 있다. 언젠가 내전이 끝나고 평화로운 시대가 온다면 모카커피의 명성을 되찾을 수 있을 것이라고 기대해본다.

모카 항구가 아주 활발하게 움직였던 때는 수에즈 운하가 개통되기 전이었다. 수에즈 운하는 아시아와 아프리카 두 대륙의 경계인 이집트의 시나이반도 서쪽에 건설된 세계 최대의 운하이다. 이 운하는 아프리카 대륙을 우회하지 않고 곧바로 아시아와 유럽을 연결한다는 의미에서 매우 중요하다. 대양을 잇는 운하를 파서 아프리카를 우회하지 않고 유럽에서 인도양으로 직접 항해하도록 하는 것은 실로 기가 막힌 전략이었다. 수개월의 항해 기간을 단축할 뿐만 아니라 인적·물적 손실을 방지할 수 있었기 때문이다.

프랑스인 페르디낭 드 레셉스(Ferdinand de Lesseps)에 의해서 착공된 수에즈 운하는 1869년 11월 17일 개통되었는데 이는 곧 항로의 변화로 이어졌다. 당연히 모든 배가 더 이상 아프리카 남단으로 우회하지 않게 되었고 대항해시대 이후로 가장 활발한 문명의 교류가 이루어졌다.

하지만 이는 아프리카 남단의 항구들의 쇠퇴로 이어졌다. 예멘의 모카 항도 카카오와 커피 등 농산물을 수출하던 항구의 기능을 잃어버리게 되었고, 이름은 단지 명성으로만 남게 되었다. 대양과 대양을 잇는 운하는 문명의 흐름을 바꿔놓았다. 운하가 생김으로 새로운 해로(海路)가 열리고 물동량이 증가했다. 반면에 역사의 언저리로 밀려나는 지역도 필연적으로 생길 수밖에 없었다.

커피 추출을 할 때 생기는 채널링(Canaling)이라는 현상이 있다. 커피를 추출할 때에 여러 가지 원인으로 생기는 일종의 수로현상(水路現狀)을 가리킨다. 이는 커피의 맛에 좋지 않은 영향을 준다. 물이 커피 입자와 만나서 향미 성분들을 추출해야 하는데 이 같은 현상이 생기면 물이 커피 입자와 제대로 만나지 못하고 흘러버리게 된다. 따라서 온전한 추출이 이루어지지 않는다. 물길이 생겨서 좋은 곳이 있고, 물길이 생기지 않아야 좋은 곳도 있다. 하지만 커피를 추출할 때에는 무조건 물길이 생기지 않도록 잘 조절하는 것이 보다 맛있는 커피를 즐기는 방법이다.

디카페인 커피 이야기

하루는 필자의 제자 중에 한 명이 디카페인 생두를 가지고 왔다. 로스팅 포인트를 한번 잡아달라는 것이었다. 에티오피아 시다모 지역에서 생산된 디카페인 커피였다. 커피 로스터로서는 커피를 테스트해달라는 요청은 고마운 일이다. 로스팅을 마친 후에 느낀 점은 기대했던 것 그 이상도, 그 이하도 아니었다. 뉴 크롭(New Crop)이 아니기도 했지만 오래 전에 추출하여 향기가 빠진 아메리카노를 마시는 느낌이기 때문이었다.

커피의 성분 중에서 가장 탈도 많고 말도 많은 것이 카페인이라는 것은 삼척동자도 잘 안다. 카페인을 과다 섭취하면 카페인 중독 현상으로 잠을 못 자거나 심장이 두근거리고 신경질이 많아지는 부작용이 생긴다. 하지만 적당히 섭취하면 기분이 좋아지고 머리를 맑아지게 하며 에너지가 넘치게 만들어준다.

카페인은 사람의 몸을 이롭게 하는 양약일까? 아니면 몸을 병들게 하는 독성 물질일까?

커피의 카페인이 독이라고 믿었던 스웨덴의 구스타프 3세는 사형수였던 쌍둥이를 통해 커피를 마시는 사람과 차를 마시는 사람 중에서 누가 먼저 죽는가를 실험하였다. 하지만 가장 먼저 죽은 사람은 이 실험을 주관하던 두 명의 의사였다고 하며, 구스타프 3세 역시 암살을 당해 그들보다 먼저 죽었다고 한다. 쌍둥이 중에서는 홍차를 마시던 사람이 먼저 죽었는데 그때 그의 나이는 83세였다고 한다. 실험은 커피의 승리로 결론이 났고 그 후로 스웨덴의 커피 소비가 급격히 늘었다고 한다.

사실 기업가들이 카페인이 없는 커피를 찾아 나선 일도 있었다. 그들은 네 가지 품종의 커피를 찾아냈고 대부분 마다가스카르(Madagascar)에서 자라나는 품종이었다. 하지만 그들은 얼마 지나지 않아 실망하게 되었는데, 그들이 발견한 커피는 카페인이 없는 대신에 몹시 쓰고 맛도 없는 쓸모없는 커피였기 때문이다.

하지만 카페인은 여전히 부담스러운 존재이기 때문에 카페인을 제거하고 커피를 마시면 어떨까 하는 아이디어로 탄생한 것이 디카페인 커피이다.

최초로 디카페인 커피를 만든 사람은 독일의 루드빅 로젤리우스(Ludwig Roselius)라는 상인이다.

직업적인 커피 감별사였던 아버지가 이른 나이에 세상을 떠난 것이 과도한 카페인 섭취 때문이라고 굳게 믿었던 그는 카페인을 제거한 커피를 개발하였다. 그가 발명한 디카페인 커피는 증기로 생두를 가열시킨 다음에 벤젠용제를 이용해 카페인을 추출하는 방식이었다. 그는 이 추출 방법에 대한 특허를 얻어 1906년에 자신의 회사를 세웠다.

화학용제를 이용하지 않은 순수 물 가공을 통한 카페인 제거에 성공했다고 주장한 사람은 독일인인 로버 휘브너(Rober Hübner)로, 1911년의 일이었다. 드디어 인류는 카페인 없는 커피를 마시게 된 것이다.

하지만 디카페인 커피라고 해서 카페인이 전혀 없다는 뜻은 아니다. 디카페인 커피는 커피를 마시고는 싶지만 카페인에 민감한 체질을 갖고 있어 부담스러운 사람에게 좋고, 커피를 즐기는 임산부들에게는 커피를 끊지 않아도 되는 이유가 된다.

오늘날 디카페인 커피를 만드는 방법은 생두를 뜨거운 물에 끓였을 때 녹아 나온 성분을 활성탄소를 채운 관에 통과시키는 방법과, 커피콩을 뜨거운 증기로 쪄낸 후에 용매(이염화메탄) 혹은 에틸아세테이트로 여러 번 커피콩을 씻어내는 방법, 초임계 상태(Supercritical State)의 이산화탄소 용매로 카페인을 추출하여 분리하는 방법 등 다양한 방법이 있다. 이 중에 이산화탄소 초임계 유체를 이용한 분류 방법은 다양한 물질을 녹일 수 있는 반면에 독성이 거의 없고, 추출되는 화학 물질과 분해 반응도 쉽게 일어나지 않아 최근에 가장 선호되는 방법이다.

하지만 여기에서 어쩔 수 없이 드는 한 가지 의문이 있다. 카페인 없는 커피는 과연 커피라고 말할 수 있을까? 기호의 문제겠지만 필자는 카페인이 제거된 커피를 그다지 좋아하지는 않는다. 왠지 영성을 잃어버린 종교, 철학을 잃어버린 정치와 같기 때문이다.

시간과의 싸움, 커피

인간의 적은 암이나 세균이 아니라 시간이라는 말이 있다. 아무리 건강하던 사람도, 미모를 자랑하던 사람도 세월 앞에서는 꼼짝 못한다.

하지만 시간이 오래될수록 좋은 것도 있다. 발효 식품의 경우 오래 묵은 것일수록 숙성되어서 깊은 맛을 낸다. 장맛에 영향을 주는 요소들은 많지만 시간만큼 또 중요한 것이 있을까?

특히 와인이나 위스키의 경우는 오래된 것일수록 일품으로 친다. 1912년 4월 1일 북대서양의 해저 4천 미터 아래로 당시 세계 최대의 여객선 타이타닉 호가 침몰되었다가, 이후 1985년 해양 탐험가 로버트 발라드(Robert Ballard) 박사에 의해 최초로 발견되었다. 그런데 이 배에서 건져낸 와인이 2012년 미국 뉴욕의 경매에서 비싼 값에 낙찰되었다고 한다. 상징적인 의미가 컸겠지만 그만큼 오래된 와인이기 때문일 것이다.

발효를 통해 좋은 맛을 내는 장이나 와인, 위스키와는 달리 커피는 시간에 약하다. 엄밀하게 말하자면 공기 중의 산소에 노출되는 시간이 길수록 커피의 맛은 나빠진다.

그것은 산소가 커피의 기름 성분과 만나서 맛을 변질시키기 때문이다. 이것은 오래된 견과류의 맛이 변하는 것과도 같다.

로스팅된 커피가 공기 중의 산소와 만나 맛이 변해가는 과정을 산패라고 한다. 이를 막기 위해 세계 최초로 네슬레가 커피 포장지에 질소를 주입하는 방식을 도입한 이후 많은 기업이 이를 따라 하고 있다. 미국 스타벅스 공장에서 로스팅된 원두도 질소 포장을 한 후에 수출한다고 한다. 하지만 이는 급속한 변화를 막을 뿐 본질적인 대책은 되지 않는다.

오래되어 산패된 커피가 내는 맛은 담배의 찌든 냄새와 흡사하다. 아메리카노를 주문했는데 그런 맛이 난다면 그것은 아마도 오래된 커피 원두를 사용하였기 때문이다. 이런 경우 설탕을 많이 넣거나 라떼(Latte) 음료로 마시면 적당히 마실 만하다. 하지만 맛도 좋지 않고 건강에는 더욱 좋지 않다.

그렇다면 커피는 언제까지 마시는 것이 가장 좋은 맛과 향을 낼까? 커피를 볶은 후 보름 안에 마시는 것을 권한다. 커피의 종류에 따라 다르지만 밀봉해서 서늘한 곳에 보관할 경우에는 한 달 정도가 마지노선이다. 그 이후에는 시간에 따라 급속히 상품 가치가 떨어지는 것을 감수해야 한다.

오래될수록 좋은 맛을 내는 것을 변화라고 하고, 시간이 지날수록 좋지 않은 맛을 내는 것을 변질이라고 한다. 변화의 가치는 무궁하다. 하지만 아무리 비싸고 좋은 음식도 변질되면 쓰레기로 버려질 뿐이다. 사람이든 음식이든 변질되면 최악이 된다. 성경은 '맛을 잃은 소금은 아무 쓸데없어 버려져 사람들에게 밟힐 것'이라고 말씀한다.

커피 한잔을 마시면서도 맛과 향의 변화를 감지할 수 있다면, 우리 자신에 대해서도 진지하게 고민해볼 필요가 있다.

"나는 변화하고 있는가? 아니면 변질되고 있는가?"

커피와 물,
발효를 통하여
얻어지는 향기

이집트 카이로 박물관의 학예사(學藝士)들의 주장에 의하면, 인류 최초로 커피 향을 즐긴 사람이 B.C. 1세기 이집트를 통치했던 여왕 클레오파트라였다고 한다.

이것이 사실이라면 이는 최초의 기원설인 칼디의 전설보다 거의 7세기가 앞선 이론이다. 클레오파트라는 커피를 마셨던 것이 아니라 아침마다 커피 열매를 태워서 그 향기를 맡았다고 하니 과연 세계 최초로 향수를 만들어 사용했던 사람답다.

알려진 바에 의하면 커피에는 약 800가지 이상의 향기가 존재한다고 한다. 이 향기들은 본래 커피가 가지고 있는 것들이지만, 일반적으로 커피의 다양한 향기를 느끼지 못하는 사람들이 많다. 사실 커피의 향기는 커피 잔에 담기기 전에 많이 손실된다. 커피의 향기들은 대부분 휘발성이라 커피가 액체로 만들어지기 전에 날아가 버리기 때문이다.

커피의 향기를 결정하는 몇 가지 조건들이 있다.

품종에 따라 맛과 향이 다르다

커피의 대표적인 품종에는 아라비카와 로부스타가 있다. '리베리카'라는 품종도 있지만 쓴맛이 강하고 맛과 향이 떨어질 뿐만 아니라 생산성이 좋지 않아서 리베리아 외에서는 거의 재배되지 않는다. 반면에 아라비카(Arabica) 종은 맛과 향과 산미가 뛰어난 커피이고, 로부스타(Robusta) 종은 쓴맛과 바디감이 풍성하며, 크레마가 좋을 뿐만 아니라 단위 면적당 생산성이 좋아서 인스턴트용 커피에 사용되고 있다.

아라비카 종의 원종에 해당되는 것이 티피카(Typica), 부르봉(Bourbon), 게이샤(Geisha)이며, 여기에 커피의 품종이 자연적으로 교배되거나, 인공적으로 교잡시켜 만든 카투아이, 카투라, 카투아이, 카티모르, 티모르, 문도노보 등의 품종이 존재한다.

일반적으로 커피는 원종에 가까운 것이 맛과 향이 좋다. 하지만 병충해에 약하기 때문에 인위적으로 병충해에 강한 교잡종을 만들고, 여기에서 맛과 향의 손실이 발생한다.

테루아(Terroir)에 따라 맛과 향이 다르다

테루아라는 용어는 본디 와인에서 차용해 온 말인데, 커피가 자라나는 환경, 예를 들어 생산 고도, 토양이나 햇빛, 바람과 그늘 등 모든 환경뿐만 아니라 커피나무를 다루는 농부의 손길까지도 포함하는 모든 컨디션을 가리킨다. 커피의 재배는 생각보다 까다로워서 자라나는 환경과 재배법 등에 많은 영향을 받는다. 같은 품종의 커피나무라고 해도, 열매를 맺고 자라나는 환경이 다르면 맛과 향이 다를 수밖에 없는 것이 현실이기 때문에 어느 지역, 어느 농장에서 생산되었는지를 묻는 것은 커피 품질을 가늠하기 위해 중요한 잣대가 된다.

라오스에서 대규모로 커피 농장을 운영하는 농장주의 말에 의하면 자기가 유명하다는 커피나무들을 다 심어보았지만, 아무리 노력해도 수확한 커피 열매에서 그 품종의 좋은 특징들이 제대로 나타나지 않는다고 했다. '아무래도 토질과 기후의 영향이 크기 때문이 아닐까 한다'고 했다. 이처럼 테루아는 커피의 향미에 매우 중대한 영향을 미친다.

가공 방법에 따라 맛과 향이 다르다

잘 알려진 상식이지만, 수확한 커피체리를 어떻게 가공하는가에 따라서 맛과 향에 상당한 차이가 발생한다. 대륙별로, 나라별로 조금씩 차이가 있지만, 커피체리를 그대로 태양 볕에 말리는 내추럴(Natural) 가공 방법과 커피 과육를 제거하고 점액질을 수조에 넣어서 제거하는 방식인 워시드(Washed) 가공 방법이 있다. 일반적으로 내추럴 가공 방식으로 가공된 커피는 단맛과 바디감이 좋고, 워시드로 가공된 커피는 향기와 산미가 뛰어나다.

가열 조리법은 맛과 향미를 증가시킨다

지금은 당연한 듯 음식을 불에 조리해서 먹고 있지만, 원시 시대에는 채집과 수렵을 통해 구한 식재료를 그대로 생식하던 때도 있었다. 어느 날 우연히 불에 그슬린 고기나 곡식을 먹게 되면서 인류는 비로소 미각에 눈을 뜨게 되었다. 이후로 불을 사용하여 음식을 조리하는 방법을 찾아내게 되었다.

인류 최초로 불을 사용하여 음식을 조리했던 이들은 누구였을까? 학계에서는 이스라엘의 게셔베노트야코브 동굴 지역에서 발견된 100만 년 전의 화덕 유적을 가장 오래된 증거로 인정한다. 무려 100만 년 전부터 인류는 불을 사용하여 음식을 조리하면서 현재까지 향미와 미각을 발달시켜 왔던 것이다.

지금으로부터 100여 년 전에 프랑스의 의사이자 화학자인 루이 카미유 마이야르는 빵과 고기와 볶은 커피 원두가 갈색으로 변하면서 향기가 발생하는 과정을 화학적으로 명확하게 설명했다. 그래서 이런 화학적인 반응을 그의 이름을 따서 '마이야르 반응'이라고 부른다.

커피 과육을 제거한 후 맛보는 생두는 풀 향기가 강하게 날 뿐, 그 외에 어떤 긍정적인 향을 느낄 수 없지만, 생두에 열을 가하면 뛰어난 커피의 향을 느낄 수 있게 된다. 하지만, 훨씬 더 많고 복잡한 향기는 커피 로스터가 생두를 볶기 이전에 이미 결정된다.

효소 반응(Enzymatic)에 의한 발효는 맛과 향미를 증식시킨다

우린 민족은 오랜 발효의 전통을 가지고 있다. 간장, 된장, 고추장으로 대표되는 장독대 문화는 우리나라 식탁을 풍요롭게 했다. 뚝배기는 장맛이라는 말이 있듯이 잘 발효된 장은 맛도 좋고 건강에도 좋다. 오래된 신 김치로 만들어 먹는 묵은지 김치찌개나, 홍어를 삭혀서 만든 홍어회, 가자미를 삭혀서 만든 가자미식해는 한민족의 밥상과 입맛, 그리고 건강까지 지켜왔다.

발효 과정을 통해 이루어지는 변화는 실로 대단하다. 인류가 발효 과정을 이해하고 발효를 식음료를 만드는 데 이용하기 시작하면서, 놀라운 식탁의 변화가 일어났다. 발효는 세계에서 많은 향미의 원천으로 자리 잡았다. 와인, 맥주, 치즈, 요구르트, 두부, 간장, 피클 등 헤아릴 수 없이 많은 음식들이 발효를 통해 탄생했다.

발효는 특정 종류의 세균과 균류가 일으키는 대사 작용이다. 발효는 특별한 종류의 분해 과정으로, 산소가 없는 상태에서 일어나는 탄수화물 분해 과정이다. 분해를 통해 맛을 나쁘게 하는 것이 아니라 오히려 더 좋게 만드는 결과를 낳게 되는 것이다.

발효의 역사

인류가 최초로 발효 음식을 먹게 된 것은 언제였을까? 최초의 기록은 성경 창세기에 나오는 노아의 이야기라고 할 수 있다. 신은 죄악을 저지른 인류의 세대를 물로 심판하려 했고, 그 결과 온 지구를 뒤덮는 홍수로 노아의 가정 외에는 모든 사람들이 전멸했다. 노아는 대홍수 이후에 포도 농사를 지었는데 포도를 수확하여 술을 만들어 마시고 대취했다는 기록이 나온다. 포도주도 대표적인 발효 식품이다.

인류의 가장 오래된 기록 중에 수메르 문명의 기록들이 있는데, 거기에 인류 최초로 맥주를 만들어 먹었다는 기록이 나온다. 이후 이집트에서도 노동자들의 맥주를 임금으로 지급했다는 기록이 있다. 아마도 람세스 2세 당시 대공사 현장에서 강제 노동에 시달렸던 히브리 노예들도 맥주를 일당으로 받았을지 모른다. 이때 먹었던 맥주는 오늘날과 같은 형태가 아니라 곡식에 효모를 넣어서 발효시킨 걸쭉한 죽 형태였고 식사 대용으로 먹었을 것이라고 짐작된다.

술은 대표적인 발효 식품이다. 우리나라의 소주나 막걸리도 효모의 발효 과정을 통해 만들어진다. 인류가 발효를 이용해서 술을 체계적으로 만들었다는 증거 중에서 가장 앞선 것은 1980년대 중국 황하강의 한 지류에서 발견된 고대 마을 '자후'의 유적지에서 발견되었다. 이 마을은 약 9천 년 전에 존재했었는데, 학자들은 이곳에서 최초로 술이 만들어졌다고 추정한다.

발효를 통하여 얻어지는 커피의 맛과 향

커피도 발효 과정의 산물이다. 커피를 생산하고 가공하는 과정에서 발효가 차지하는 비중은 적지 않다. 커피의 향미가 발효 과정을 통해 만들어지기 때문이다. SCAA의 플레이버 휠(The coffee taster's wheel)에 의하면 커피의 발효 과정을 통해서 얻어지는 긍정적인 향기들은 다음과 같다.

꽃향기처럼 달콤한 향, 재스민, 라벤더, 풀냄새에서 나는 단향(Flowery, Floral, Coffee Blossom, Tea Rose), 레몬, 오렌지, 귤, 청사과 등(Fruity, Citrus, Lemon, Apple), 파, 양파, 마늘 등(Herby, Alliaceous, Onion, Garlic), 카더몬, 시나몬 등(Flowery, Fragrant, Cardamon craway, Coriander seeds), 달콤한 베리 같은, 블루베리, 체리, 딸기, 크랜베리 등(Fruity, Berry-like, Apricot, Blackberry),

채소, 파슬리, 완두콩, 시금치 등(Herby, Leguminous, Cucumber, Garden Peas)

    커피 향기(Aroma)가 만들어지는 발효 과정은 크게 두 가지 방법이 있다. 먼저는 커피의 과육을 그대로 둔 채 햇볕에 말리는 내추럴(Natural) 가공 방식이다. 이 과정을 통해 단맛은 증가하고 바디감은 강해진다. 내추럴 과정을 통해서도 발효는 진행되는데, 잘못 다루게 되면 과발효가 진행되어서 결점의 냄새가 나게 된다. 또 다른 방법은 물을 이용하여 커피의 과육을 제거하고 수조(水槽)에 넣어 점액질을 제거하는 방법이다. 이 과정에서 발효가 진행되는데 이 과정을 워시드(Washed)라고 한다.

    과거에는 단지 점액질을 제거하기 위해서 물속에 넣어두기만 했었지만, 발효의 과학적인 원리를 파악한 농장주들이 커피의 향기를 극대화시키기 위한 방법을 찾아냈다. 커피의 펄프를 제거한 생두를 수조에 담가두되 그 시간을 다르게 할 뿐만 아니라 물을 갈아주는 시간도 달리해서 발효를 촉진시키고 좋은 향미를 만들어내는 것이다.

    전제했듯이 발효를 잘못하게 되면 커피는 돌이킬 수 없는 과발효된 결점의 냄새를 가지게 된다. 워시드 정제 과정에서 체리의 과육 탈피가 늦어졌거나 점액질 제거를 위해 수조에 너무 오래 담가두면 과발효된 냄새가 부착된다. 내추럴 정제 과정에서도 과도하게 숙성되었거나 땅에 떨어져 상한 체리가 섞여 발효가 진행되면 시큼한 초산의 냄새가 난다. 하지만 최근 스페셜티(Specialty) 커피의 부각과 중남미 국가들의 C.O.E(Cup of Excellence) 대회에서 우수한 성적을 거두는 커피들은 모두가 커피의 발효를 어떻게 다루는지에 결과가 좌우되고 있다.

수조에 담기는 생두의 양과 물의 비율, 그리고 물의 온도와 시간에 따라서 발효가 다르게 진행이 되고, 맛과 향도 달라진다. 따라서 이 과정은 농장마다 다르고 누구에게도 공개할 수 없는 기업 비밀이 되는 것이다.

최근 커피 시장에서 부각되는 파나마 농장에서는 전통적으로 내려오던 워시드 가공 방식을 버리고 내추럴 가공을 시도하는 농장주들도 많이 있다. 에티오피아나 브라질처럼 건조한 공기가 아닌, 비도 많이 오고 습한 지역이기 때문에 파나마 커피 농장에서는 내추럴로 가공하는 것이 힘들고 어려운 일이었다. 하지만 농장주들의 수많은 시행착오 끝에 최근에는 내추럴 가공으로도 발효 과정을 제어하여 좋은 향미를 얻는 결과물들이 나오고 있다는 것을 부연해 둔다. 그렇기 때문에 베스트 오브 베스트 파나마 콘테스트에는 내추럴 부문이 있을 정도로 가공 방법에 비약적인 발전을 가져왔다.

우연히 들린 카페에서 향기로운 꽃향기가 나는 커피를 마셨다면 그 커피를 향기롭게 만들기 위해서 최선을 다한 농장주의 마음을 기억해 주면 좋겠다. 그토록 아름다운 향기를 만들어낸 커피 산지 농장주들과 노동자들의 수고에 감사하는 마음으로……

아라비카양과
로부스타군

　　커피를 좀 아는 사람들은 커피 품종에 대한 이해를 가지고 있지만, 대부분의 사람들은 커피가 다 똑같다고 생각한다. 커피의 품종은 100여 가지나 되는데, 그중에서도 아라비카와 로부스타 두 품종이 인류가 사랑하는 대표 품종이다. 그런데 이 두 나무의 품종은 달라도 많이 다르다. 마치 남자와 여자가 같은 인간이긴 하나 다른 것처럼 말이다.

　　인류가 처음 접한 커피 품종은 아라비카 양이었다. 에티오피아가 원산지인 이 커피는 향기와 산미가 뛰어난 고급 커피에 해당된다. 아프리카에서 자란 커피가 아라비아반도의 남단에 위치한 예멘에 옮겨 심겨진 것은 6세기경의 일이다. 이후로 커피는 터키로, 인도로, 유럽으로, 그리고 아시아와 미주대륙으로 옮겨 심겨졌다. 아라비카의 친정은 아프리카인 셈이다.

　　로부스타 군의 고향도 역시 아프리카다. 이 커피가 발견되고 심겨진 것은 아라비카가 병충해와 잎마름병으로 인해서 인도네시아를 비롯한 동남아시아에서 어려움을 겪고 있을 때였다. 이미 인류는 커피 없이는 살 수 없는 상태가 되었기에, 커피 헌터들이 아라비카를 대체할 커피 품종을 찾기 위해 아프리카를 뒤지다가 콩고에서 이 품종을 발견하게 되었다. 원래 이름은 카네포라였는데, 카페인을 많이 함유하고 있어 병충해에 강하다고 붙여진 이름이 로부스타(Robusta)이다.

아라비카 양은 볼이 빨간 소녀처럼 커피 체리의 색깔도 익어갈수록 붉어진다. 이파리도 로부스타에 비해 가늘고 길쭉하다. 향기도 과일과 꽃향기가 나며 향기롭고 상큼한 것이 특징이다. 반면에 로부스타 군은 이파리가 널찍하고 커피 체리는 익을수록 검은 빛깔이 된다. 아라비카 생두의 색깔이 연한 초록색인 것에 비해서 로부스타는 색이 누르스름하다. 향과 산미는 거의 없고 숭늉처럼 구수하고 씁쌀한 맛이 특징이다. 아라비카 양이나 로부스타 군이 살기에 가장 최적의 장소는 적도를 중심으로 북위 25도, 남위 25도 지역이다. 이 지역은 연중 고온다습한 지역으로 커피나무가 살기에 가장 좋은 환경을 제공한다.

아라비카가 살기에는 해발 800미터 이상의 고지대가 좋다. 왜냐하면 이 지역은 낮과 밤의 온도 차가 커서 병충해가 비교적 덜하기 때문이다. 카페인은 본래 벌레를 막아내기 위해 식물이 가지고 있는 천연 살충제이다. 그런데 아라비카는 카페인의 함량이 적어서 자기 몸을 파고드는 커피 바구미 애벌레를 막아내기에 역부족이다. 그래서 벌레가 살기에 좋은 환경인 저지대보다, 그들로부터 비교적 안전한 고지대에서 살기가 훨씬 좋은 것이다.

반면에 로부스타 군이 가지고 있는 카페인의 함량은 아라비카 양의 두 배에 달한다. 그래서 낮은 지역에서도 충분히 병충해와 싸울 수 있기에 굳이 높은 지역에 자리 잡을 이유가 없다. 저지대에서 농사를 지어 운반비와 인건비가 고지대보다 저렴해지는 것은 덤이고, 로부스타 군은 생산성까지 높다.

아라비카는 병충해에는 약하지만 비가 어느 정도 오지 않아도 잘 이겨낼 수 있는 힘이 있다. 뿌리를 깊게 내리기 때문이다. 이것은 가뭄에 강한 장점이 된다. 하지만 로부스타는 뿌리를 낮게 내린다. 고지대보다 환경이 좋기 때문에 낮은 뿌리를 가지고도 충분히 살 수 있기 때문일 것이다. 그러나 비가 오지 않으면 로부스타는 이를 이겨낼 힘이 없다.

아라비카는 좋은 산미와 향기 때문에 많은 사람들의 사랑을 받고 있다. 전 세계 커피 소비량의 70%를 감당한다. 가격도 로부스타에 비해 높은 가격으로 거래되는 고급 품종이다. 최근 콜롬비아 정부에서는 로부스타의 생산을 중지하고 아라비카 품종으로 100% 재배하겠다고 선언하기도 했다. 하지만 로부스타 군도 인기가 만만치 않다. 구수하고 넉넉한 바디감과 쓴맛으로 꾸준히 사람들의 사랑을 받고 있는 것이다. 우리나라에서도 해마다 로부스타의 수입이 증가하고 있다. 로부스타 군은 대부분 인스턴트커피의 재료로 쓰인다. 생산량이 좋고 인건비 부담이 적어서 비교적 저렴한 가격에 거래되기 때문이다.

사람들은 저마다 좋은 장점을 가지고 있는 것처럼, 커피도 저마다의 좋은 특징을 가지고 있다. 서로의 장점이 만나면 시너지를 일으키고, 부족한 부분은 서로 채워주면 된다. 나와 다르다고 배척하고 미워하거나 차별하는 것은 지혜로운 일이 못 된다. 누구나 부족한 부분이 있고 약점도 존재하기 때문이다. 아라비카 양과 로부스타 군이 서로의 부족함을 채워주듯, 사람들도 서로의 부족한 부분을 채워주며 살면 된다. 상생(相生)의 길은 어렵지 않다. 커피 속에서 인류 화합의 길을 본다.

급하게
내린 커피는
맛이 없다

이 대리는 최 과장의 지시로 핸드드립 기구로 커피를 내리고 있는 중이다. 김 부장이 외국 출장에서 사 온 귀한 커피라며 아침 회의 시간에 내려오라고 부탁한 것이다.

"빨리 커피 내려서 가져오시랍니다."

인턴이 전해주는 소리에 잠시 망설이던 이 대리는 뜸도 들이지 않고 마구 물을 부어버렸다.

사실 이 대리는 근처 학원에서 핸드드립 커피 과정을 수강하는 중이다. 추출 전에 뜸을 들이라고 분명히 선생님이 알려줬는데 괜찮을까 싶었지만, 빨리 커피 내리고 회의에 참석하라는 재촉에 모든 과정을 생략해버린 것이다.

커피를 가지고 회의실에 들어가니 이미 회의는 진행 중에 있었다. 부장과 과장 자리에 먼저 커피 잔을 내려놓고 다른 직원들에게도 나눠주었다.

그런데 커피를 마시던 김 부장이 갑자기 얼굴을 찌푸렸다.

"최 과장! 이게 내가 준 커피가 맞아요? 그 커피가 아닌 것 같은데……."

일순간 주위가 조용해졌다.

"맞습니다, 부장님. 분명히 그 커피입니다."

다급해진 최 과장은 이 대리에게 화살을 돌렸다.

"이 대리! 커피 배웠다며? 제대로 내린 게 맞는 거야? 왜 이렇게 커피가 싱겁고 맛이 없지?"

사실 이 대리가 사용한 커피 원두에는 전혀 문제가 없었다. 이유는 한 가지, 너무 급하게 물을 부어 추출했다는 것이다. 회의 시간에 쫓긴 이 대리가 모든 과정을 생략한 것이 문제의 원인이었다.

아무리 좋은 커피도 뜸 들이기를 생략하고 급하게 내리면 맛이 없다. 밥도 뜸 들이지 않으면 맛이 없듯, 좋은 향과 맛은 뜸을 들인 후에 나온다. 추출 전에 뜨거운 물을 부어 커피 가루의 세포가 부풀어 오르게 해야 커피 가루 속의 아로마(Aroma)가 제대로 추출될 수 있다.

사람 좋은 김 부장이 웃으며 "이 대리, 다음에는 더 맛있게 내려와요." 했지만 제대로 창피당한 이 대리는 앞으로는 아무리 재촉해도 배운 대로 하겠다고 속으로 다짐했다.

우물가에서 숭늉을 달라고 하면 안 되듯, 아무리 급해도 절차와 과정을 무시해서는 안 된다는 점에서 커피나 세상 이치나 똑같다. 급하게 먹는 떡이 체하고, 급하게 내린 커피는 맛이 없다.

커피 안 마시고 살아보기

커피 빈(Coffee Beans)에는 각종 향미 성분들과 더불어 항산화 물질이 가득 들어 있다. 특히 최근에 커피의 일부 성분이 뇌의 시상하부 중추에 있는 신경전달물질인 세로토닌(Serotonin)의 증가에 기여한다는 것이 미국 하버드대 보건연구팀에 의해 밝혀졌다. 세로토닌은 사람의 기분에 관여하는 성분으로 행복감을 느끼게 해주는 화학 물질이다.

커피의 주성분 하면 제일 먼저 떠오르는 것이 역시 카페인이다. 카페인이라는 이름도 커피와 연관성이 있다. 최근에 커피가 건강에 좋다는 연구 결과가 보도되고 있는데, 커피가 건강에 좋다는 것은 카페인의 약리 현상 때문이 아니다. 카페인은 두통약 등 치료약에 쓰이기는 해도 건강을 위해 일부러 챙겨 먹을 것은 아니다.

커피를 중독자 수준으로 좋아하는 사람들 중에는 '나의 혈관에는 커피가 흐른다'는 듯, 쓰디 쓴 커피를 텀블러에 담아 하루 종일 들고 다니며 마시는 사람들이 있다. 문득 이런 궁금증이 생긴다. 하루 종일 커피를 들고 다니며 마시는 이들의 몸에는 카페인의 농도가 얼마나 될까?

카페인은 뇌에 작용하여 스트레스를 일으킨다. 온몸의 신경 세포를 돌아나게 하고 잠자려는 몸의 모든 조직들을 요동치게 한다. 카페인은 사람 몸에 들어가면 한 시간 이내에 자기 존재감을 드러내는데, 몸에 남아 있는 시간이 세 시간 정도 된다.

카페인은 본래 식물이 자기 몸을 적으로부터 지키기 위한 일종의 살충제이다. 따라서 약하긴 해도 독성이 있다. 적당량을 섭취하면 피곤을 사라지게 하고 힘도 생기게 하는 등 도움이 되지만, 지나치게 많이 섭취하면 신체에 적잖은 무리가 따르기 마련이다. 카페인이 몸에 과다하게 남아 있으면 짜증과 불안, 심장 두근거림, 손 떨림 등의 부작용이 나타날 수 있으며 위산의 분비를 촉진해서 빈속에 마시면 속 쓰림을 유발한다.

무더운 여름날에는 저녁에도 습관처럼 아이스커피를 마시는 사람들이 많이 있다. 이 경우 예상치 못한 불면증이 찾아온다. 가뜩이나 무더운 열대야에 불면증까지 겹치게 되면 다음 날 갑절로 피곤한 몸으로 하루를 보내야 한다. 따라서 열대야가 계속되는 여름에는 가급적 카페인 함량이 적은 커피가 좋다. 커피에서 카페인만을 제거한 디카페인 커피나 아라비카 커피 빈을 사용한 핸드드립 커피를 추천한다. 아라비카 커피는 로부스타 커피보다 카페인 함량이 절반 이하이고 향미와 맛이 뛰어나다.

자기 몸에 카페인 과다 증상이 나타난다고 하면 커피를 잠시 안 마셔보는 것도 좋은 대처법이다. 좋은 커피를 마실 수 없다면 차라리 마시지 말라. 건강을 위하여 하루 이틀쯤 자기 몸을 카페인 무풍지대로 만들어보면 어떨까?

감칠맛 커피

김 과장은 커피를 입에 달고 사는 커피 마니아다. 아침에 출근할 때에 집에서 커피를 내려 커다란 텀블러에 담아서 출근을 한다. 아침나절이면 벌써 커피가 다 떨어져서 점심 식사 후에는 회사 앞 커피숍에 가서 텀블러에 가득 아메리카노를 담아 사무실로 돌아온다.

하루 종일 커피를 마셔서 속이 쓰릴 만도 하지만 김 과장은 퇴근 후에도 커피숍에 가서 커피를 마시고 집으로 돌아간다.

같은 사무실에서 근무하는 이 대리는 김 과장을 따라서 맛있다고 소문난 카페로 간 적이 있었다. 원래 커피를 마시지 않지만, 맛있는 커피를 사주겠다고 해서 찾아간 카페에는 사람들이 줄을 서서 자기 순서를 기다리고 있었다. 맛있는 음식이나 좋은 공연을 위해 줄을 서 있는 것은 이해가 가도, 커피를 마시려고 길게 줄을 서 있는 것은 이 대리가 볼 때는 아무래도 낯선 모습이었다.

한참을 줄 서서 받아 든 커피를 김 과장은 아주 맛있게 마셨다.

"참 맛있다. 이 대리도 한번 마셔봐!"

김 과장의 말에 기대를 하면서 한 모금 마셨는데 웬걸, 너무 써서 마실 수가 없었다. 속으로 이 대리는 이렇게 생각했다.

'아니, 이렇게 쓴 것을 돈 주고, 그것도 길게 줄을 서서 왜 마신담? 김 과장님은 참 이해할 수가 없네.'

하지만 같은 사무실 과장이 사준 커피라 싫은 내색도 하지 못하고 억지로 끝까지 마셨다. 이 대리는 속으로 결심했다. 내 다시는 커피를 마시지 않으리라고…….

그런데 그다음 날, 이 대리가 스스로 생각해도 이상한 변화가 생겼다. 김 과장이 마시는 커피를 보면서 '나도 커피를 마시고 싶다'는 생각이 든 것이다. 점심시간에 회사 앞 카페에 가서 아메리카노 한 잔을 시켜서 마셨는데, 어제는 그렇게 써서 마시기 힘들었던 커피가 오늘은 쓰기만 한 것이 아니라 새콤달콤하기도 하고 생각보다 마실 만했다.

이 대리는 속으로 생각했다.

'이상하네. 어제는 분명히 썼었는데…….'

이 대리는 김 과장 몫으로 테이크아웃 커피 한 잔을 더 주문했다.

무엇이 이 대리로 하여금 다시 커피를 마시도록 했을까? 커피의 어떤 맛과 향이 이 대리의 마음을 흔들었을까? 쓴맛이었을까? 아니면 다른 무엇이었을까?

이 대리의 마음을 끌어당긴 것은 다름 아닌 감칠맛이었다.

과거에는 사람이 느끼는 기본적인 미각에는 쓴맛, 단맛, 짠맛, 신맛, 네 가지가 있다는 것이 정설이었다. 하지만 1908년 일본 도쿄제국대학의 이케

다 기쿠나에 박사가 해초 스프에서 새로운 맛을 찾아내어 학계에 보고했다. 그것이 바로 제5의 맛인 우마미(旨味)이다. 일본인은 음식이 맛있을 때 우마이(うまい)라고 외친다. 맛있다는 뜻이다. 우마미란 '맛있는 느낌' 정도로 번역할 수 있는데, 이는 우리말로 감칠맛에 해당된다.

국어사전에 보면 감칠맛이란 '음식물이 입에 당기는 듯이 맛깔스러운 맛'이라고 되어있다. 이 대리가 커피에 끌리는 이유는 바로 감칠맛에 있었던 것이다.

감칠맛이 나는 커피 한잔 마시며 좋은 사람과 행복한 대화를 나누는 행복한 생활이 되시기를 바란다.

다도와
커피의 도道

　김 과장은 추석에 자기 집에 찾아온 후배 이 대리와 커피를 마시기 위해 핸드드립 기구를 꺼내 들고 정성껏 핸드 밀(Hand Mill)로 원두를 갈기 시작했다.

　지금 갈고 있는 원두는 시내의 유명하다는 커피 전문점에서 비싼 돈을 주고 엊그제 사 온 커피 원두다. 100g에 만 원이 넘는 커피라 아껴서 꼭 필요한 때에 내려 마시는 중이었는데 커피를 좋아하는 후배를 위해 특별히 내놓은 것이다.

　포트에 물을 끓이는 동안 커피 드리퍼(Coffee Dripper)에 갈아놓은 커피를 부어놓고 잔을 준비한다. 잔은 외국에서 비싼 값을 주고 사온 귀한 몸이다. 드디어 물이 끓었다. 드립 주전자에 끓인 물을 담아 커피 가루에 물을 부어주기 시작한다. 1차부터 4차까지 드립을 마친 후 준비한 예쁜 잔에 커피를 담아 후배와 함께 커피를 마신다. 여기까지는 정상적인 추출 과정이다.

　하지만 그다음이 문제다. 김 과장은 다시 포트의 물을 끓인다. 그리고 끓인 물을 드립 주전자에 담아, 아까 추출하고 버리지 않은 채 남아 있는 드리퍼 속의 커피 가루 위로 붓는다. 후배가 왜 그런 행동을 하느냐고 물으니 커피 원두 비싸게 주고 샀으니 아까워서 더 내려 마신다고 말한다.

이렇게 내린 커피는 흐리고 쓰고 텁텁하여 아까 마신 커피의 기분 좋은 맛을 반감시킨다. 왜냐하면 먼저 네 차례 부은 물로 이미 커피의 유효 성분은 거의 다 추출되었기 때문이다. 남아 있는 것들은 커피 섬유질에 붙어 있는 잡미일 뿐, 유효한 커피의 향미라고 할 수 없다.

차를 마시는 데에도 도리가 있다. 그것을 다도(茶道)라 한다. 커피를 마시는 데에도 도리가 있다. 그것을 커피의 수율(Coffee Brewing Control)이라고 한다. 수율이란 커피를 가장 맛있게 추출하기 위한 과학적 법칙이자 도리이다.

공자의 손자인 자사가 쓴 책 중에 〈중용(中庸)〉이라는 책이 있다. 〈중용〉은 사서(四書) 중의 한 권이며 중요한 철학 이념이다. 이는 어느 쪽으로도 치우침이 없는 평온한 상태를 의미한다. 커피의 도(道)는 수율을 지키는 중용의 도(道)라고 말해도 틀리지 않는다.

과욕을 부리면 손해 보는 일이 많다. 이는 커피에도 그대로 적용된다. 김 과장이 앞으로라도 더 향기롭고 풍요로우며 맛있는 커피를 마시기 원한다면 용(用)과 불용(不用), 멈춰야 할 때 멈추고, 버려야 할 때 버리는 중용의 지혜를 배워야 하지 않을까?

커피는 마약인가

　대한민국은 지금 마약 열풍 속에 있다.
　이 말만 들으면 긴장하겠지만 사실은 마약처럼 중독된다고 하여 음식마다 '마약'이라는 접두어를 붙이는 것이 유행이라는 말이다. 마약 떡볶이, 마약 김밥, 마약 쿠키…….
　마약이라는 것은 본래 사람들의 몸과 마음을 파멸시키는 향정신성 물질을 가리킨다. 마약에 한번 노출되면 그 사람의 인생은 끝이다. 헤어 나올 수 없는 덫에 걸리게 되는 것이다. 건강했던 한 사람의 인생이나 가정이 마약으로 인해 무너지는 것은 한순간이다. 그래서 마약이라는 말은 함부로 사용해서는 안 될 무서운 말이다. 자주 듣다 보면 친근함이 생기고 자신도 모르는 사이에 호기심이 생겨서 마음의 빗장이 열릴지도 모르는 일이다.
　사실 최근 우리나라의 방송계에서 사용하는 언어들에는 문제가 많다. 전에는 '스타'라는 말로 연예인을 높이는 것이 최고의 대우였는데, 요즘은 이름 앞에 '갓'이라는 접두어를 붙여 신격화하기까지 한다. 더 이상 갖다 붙일 수 있는 단어가 사라지고 없을 때, 그다음에는 어떤 수식어를 붙이게 될까?

어쨌든 마약이라는 말은 참으로 무서운 말임에도 불구하고 맛있다는 의미로 질도 갖다 붙인다.

커피나 음료에 마약이라는 말을 사용하는 것은 매우 조심스럽다. 최근 호주에서 수입하는 인스턴트커피를 마약 커피라고 부른다고 한다. 그만큼 중독성이 있다는 뜻이다.

하지만 커피는 종종 마약상들이 마약을 숨기기 위해 사용하는 물질로 알려져 있기에 커피에 마약이라는 말을 붙이는 태도는 적절치 않다고 본다.

사람이 자기 의지로 중단할 수 있는 것이 있고, 절대 자기 의지로 끊을 수 없는 것이 있다. 기독교의 경전인 성경에서는 이런 의미 있는 교훈을 발견한다.

"악은 어떤 모양이라도 버려라."

커피는 마약일까? 결론적으로 말하면 마약이 아니다. 중독되는 물질을 마약이라고 말한다면 담배는 마약으로 분류하는 것이 마땅하다. 중독의 특징을 '지나친 의존성과 금단 현상'이라고 볼 때에 담배는 특히 그렇다고 볼 수 있다. 하지만 커피의 중독은 조금 다르다. 커피에서 중독이라고 말하는 것은 카페인 중독을 의미한다.

사람들이 커피에 중독되었다고 말할 때에는 두 가지 의미가 있다.

자꾸만 마시고 싶어지는 기호성의 증가와, 많이 마시게 될 때 신체에서 일어나는 카페인 중독 현상이다.

기호성의 증가는 의미 있는 일이겠지만 카페인 중독은 손 떨림 현상이나 신경이 날카로워지는 현상이 대표적이다. 적당량을 섭취했을 때는 긍정적인 효과가 적지 않으나 권장량을 넘어서 섭취했을 경우에는 부정적인 효과가 나타난다.

하지만 카페인 중독 현상은 커피를 안 마시면 금세 사라진다. 카페인이 사람의 몸에 잔류하는 시간이 대략 3~4시간에 불과하기 때문이다. 마약은 끊으면 금단 현상이 나타나지만 카페인 중독은 커피를 끊으면 사라진다.

더위에 지치기 쉬운 여름이 다가온다. 차가운 아이스커피가 당기는 계절이다. 하지만 아무리 커피를 좋아한다고 해도 손이 떨리는 증상이 생기거나, 갑자기 짜증이 많아진다면 커피 중독일 가능성이 있다. 이때 가장 좋은 치료법은 마시는 커피의 양을 줄이는 것이다. 국제보건기구(WHO)에서 제시하는 카페인의 성인 적정 섭취량은 하루 400mg 이하, 커피 석 잔 정도이다.

참고로 매년 6월 26일은 1987년 12월 유엔총회에서 정한 마약 퇴치의 날이며, 올해부터는 우리나라의 법정 기념일로 지정되었다.

제 4 장

커피와
사회

인간미
커피

최근에 매스컴에 소개된 특이한 카페가 있다. 지난 달 30일에 미국 샌프란시스코에 창업한 '카페 X'다. 이 매장은 홍콩에 이어 두 번째로 오픈한 매장인데, 이 카페 바리스타는 로봇이다. 창업자인 헨리 후가 소개하는 자기 카페의 최대 장점은 기다릴 필요 없이 양질의 커피를 저렴한 가격으로 제공한다는 것이라고 했다.

로봇의 어원은 체코어의 노동을 의미하는 단어 'robota'이다. 로봇이라는 말을 처음으로 사용한 사람은 체코슬로바키아의 소설가 카렐 차페크(Karel Capek)인데, 그는 1921년 〈R.U.R(Rosuum's Universal Robots)〉라는 희곡에서 처음으로 로봇이라는 말을 사용했다. 이 희곡에서 로봇은 인간이 해야 하는 특정한 노동을 대신 수행하도록 만들어진 존재로 묘사된다. 과거에는 기계 공학적인 부분에서만 로봇이 활용되었다면 오늘날은 인간들의 삶에 아주 밀접하게 로봇이 활용되고 있는 추세이다. 그래서 나타난 것이 로봇이 커피를 만들어 제공하는 '카페 X'이다.

이 카페에는 누구나 호기심에 한 번쯤은 가보고 싶을 듯하다. 하지만 지속적으로 그 카페에 가게 될 것인지는 한번 생각해볼 필요가 있다. 로봇이 아직 낯선 오늘날, 흥밋거리와 구경거리는 될지 몰라도 일반 커피 자판기와 별반 다를 것이 없어 보이기 때문이다. 만약 로봇이 인간들처럼 미각 세포와 후각 세포를 가지고 있어서 커피를 맛보고 분석하고 향을 탐미하여 커피를 만들어낸다면 몰라도, 아직까지는 단순히 인간들이 프로그래밍한 그대로 커피를 만들어 제공하는 기계적인 동작밖에는 할 수 없다. 그러기에 인간이 만들어낸 커피와 로봇의 그것을 비교하는 것 자체가 난센스이다.

인간이 만들어낸 커피와 로봇이 만들어내는 커피에는 이 외에도 더 중요한 차이점이 존재한다. 그것은 바로 인간미(人間味)이다. 인간 바리스타가 만들어내는 커피 한잔에는 인간미가 담겨 있다. 바리스타의 철학과 감정이 고스란히 담겨져 제공되는 것이다. 손님을 대할 때 바리스타는 따뜻한 마음으로 음료를 제공한다. 손님은 이런 인간미에 감동한다.

하지만 로봇은 그저 기계적으로만 커피를 만들어 제공할 뿐 인간미란 있을 수 없다. 그러기에 로봇이 만들어내는 커피는 한계가 분명하다. 인류 역사가 시작된 이후로 사람들은 집에서 음식을 만들어 먹었다. 이 요리법은 부모에게서 자녀에게, 또 자녀에게서 후손으로 전수되었다. 그럼으로 인해 요리에는 인간의 역사와 철학이 담겨져 있고 커피 한잔에도 1,500년을 이어오는 인간미가 담겨져 있는 것이다.

음식에 담겨 있는 인간미란 어떤 것일까? 엄마의 손맛이 대표적인 인간미라고 할 수 있다. 기계적으로 찍어내듯이 만들어 제공하는 음식은 같은 재료를 사용해도 맛이 없다. 학교에서 먹는 학식이 가격도 저렴하고 양도 푸짐

해도 학생들에게 외면을 받는 이유이다. 골목집 작은 식탁, 의자가 몇 개 없어 불편해도 맛있는 집은 사람들이 줄을 선다. 그것은 음식에서 인간미가 느껴지기 때문이다.

간혹 맛있는 된장찌개를 먹고 어릴 적 먹었던 된장찌개를 떠올리며 어머니의 손맛을 기억하는 것은 인간만 할 수 있는 것이다. 로봇이 알 수도 없고, 따라 할 수도 없는 것이 바로 인간의 마음이며 감정이며 인간의 삶이다. 오늘 로봇이 아닌, 기계가 만들어주는 커피가 아닌, 인간 바리스타가 웃으며 정성껏 만들어 대접하는 인간미 넘치는 커피 한잔을 드실 것을 추천한다.

정직한 커피가 답이다

일본에 가면 오래된 커피점이 많다. 백 년에 가까운 역사를 자랑하는 커피 전문점도 많다.

일본은 원폭 투하로 파괴된 두 도시 말고는 큰 전란을 겪지 않았기에 오래된 건물들이 상당수 유지되고 있고, 설령 도시 재개발로 옛 건물들이 헐린 경우라고 해도 장인 정신으로 가업을 이어가는 가게들이 많다.

일본에 처음 커피가 전해진 곳은 나가사키 앞 인공 섬인 데지마였다고 하며, 1700년대 네덜란드 상인으로부터 커피를 받아들였다고 전해진다. 하지만 그때는 네덜란드 상인이나 커피를 마셨을 뿐 일반인 대상으로 커피 하우스가 생긴 것은 1888년 도쿄의 카히차칸(可否茶館)이 최초라고 한다.

우리나라는 1909년 남대문 역 다방이 최초의 커피 하우스라고 한다. 이는 일본보다 약 20년 정도 뒤진 기록이지만 커피 역사는 우리도 오래되었다. 커피의 역사 연구가 지속되고 있는 바, 어쩌면 일본을 앞서는 기록이 나올 가능성도 있지 싶다. 하지만 안타깝게도 커피 관련 자료는 남아 있는 것이 별로 없고, 전통 있는 다방이나 커피 하우스도 존재하지 않는다.

사실 일본에서 마셔본 커피의 향미는 그리 대단한 것이 아니었다. 커피 맛은 일반적으로 쓰면서 기름지고, 향미보다는 마우스 필에 역점을 두는 듯한, 마치 쓴 커피가 진짜 커피라고 주장하는 것처럼 보였다. 일본인들이 마시는 커피는 강하게 볶은 커피가 대부분이었다.

하지만 커피를 마시고 난 이후의 느낌은 조금 달랐다. 쓰기는 하나 탄 맛보다는 깨끗하고 마일드한 느낌이 남았으며, 커피를 마시고 난 후에 목이 타 들어가는 건조함이나 불쾌한 잡미는 거의 느껴지지 않았다. 연륜을 자랑하는 커피점에서는 가게 한 구석에 결점 두를 골라내는 자리가 마련되어 있는 것을 종종 볼 수 있었다.

세계 어떤 곳을 가도 스타벅스는 맛이 동일하다. 다양성보다는 통일성을 추구하는 스타벅스의 고집을 말하는 듯하다. 하지만 필자가 가본 일본의 스타벅스는 달랐다. 기름이 커피 원두에 덮일 정도로 강하게 로스팅한 것은 예나 같지만, 깜짝 놀랄 정도로 맛이 신선했다. 반면에 우리나라 스타벅스는 같은 브랜드인데도 일본의 그것에 비교하면 신선도가 훨씬 떨어졌다. 미안하지만 우리나라 스타벅스에서는 소비자에 대한 성의가 느껴지지 않는다. 미국 본사에서 일본에 보낼 원두와 다른 나라에 보내는 것을 차별하는 것이 아닌가 하는 생각이 들 정도였다.

우리나라의 역사에 비해 오래된 커피 전문점이 없는 이유를 생각해보았다. 일제 수탈과 한국 전쟁의 참화로 전 국토가 유린되고 파괴된 상황에서 한가하게 커피를 마시며 노닥거릴 여유가 우리 민족에게는 없었던 것이 사실이지 않을까? 하지만 그렇다고 해도 전혀 커피를 안 마시고 살았던 것도 아니었다. 동네마다 다방도 즐비했고 커피를 마시는 인구도 꾸준히 증가해온 것도 사실이기 때문에 이것은 변명처럼 들리기도 한다. 말하기도 부끄럽지만 우리나라 역사 속에서 다방은 레지를 중심으로 하는 저급 문화의 분출구이기도 했다.

명동과 종로를 중심으로 한 음악다방, 클래식 음악을 틀어주는 음악 감상실에서는 커피가 교양과 문화의 접촉점이 되어주었다. 하지만 이마저도 미제 하우스 커피를 물에 우려 설탕을 타서 마시는 소위 원두커피였고, 커피의 맛과 향을 느끼며 마시는 수준이 아니었다. 커피를 사치품으로 지정해서 관리했던 박정희 대통령 시절에는 담배꽁초를 물에 녹여 만든 커피도 있었다고 하니 이것이야말로 커피의 '흑역사'라고 할 수 있다.

현재의 대한민국은 본격적으로 커피의 융합과 시너지를 경험하고 있다. 이제 국내 어디에서나 맛있는 커피를 마실 수 있다. 그만큼 우리도 커피의 맛과 향미를 추출해낼 실력을 갖추었다. 일본인들을 비롯하여 전 세계 어느 민족도 향미 감각은 우리를 따라올 수 없다고 확신한다. 대한민국은 커피의 르네상스 시대라고 말할 정도로 커피의 새 시대를 맞이하고 있다. 이제 우리나라의 소비자들도 본격적으로 커피의 맛과 향을 알기 시작했기 때문에 무한한 가능성이 있다.

이쯤에서 고민해야 할 한국 커피 시장의 과제는 무엇일까? 정직한 커피의 개념을 도입하는 것이다. 사실 커피 한잔을 사서 마시면서도 돈이 아깝게 느껴졌던 순간이 많았다. 내가 지불한 금액에 걸맞은 재료를 카페 주인이 사용하지 않았다고 느껴질 때 그 카페는 더 이상 가지 않게 된다. 한 잔을 마셔도 가격에 맞는 정직한 재료로 만든 커피가 값어치를 한다. 이것이 장인 정신이고, 그런 카페에서 소비자도 행복하며 카페 주인도 떳떳하다.

커피를 팔아 이익을 남기려는 생각이 앞서면 맛있는 커피, 향기로운 커피, 건강한 커피는 처음부터 아예 불가능하다. 보다 많은 이익을 남기려는 생각에 값싼 커피 재료를 사용하면 잠시 이익이 남는 것 같아도 얼마 지나지 않아 소비자의 외면을 받게 되기 때문에 피해야 할 일이다.

우리가 명심해야 하는 것은 커피도 음식이라는 점이다. 좋은 커피는 좋은 재료에서 나온다. 좋은 재료를 사용해야 음식이 맛있듯 커피도 역시 그렇다. 그다음으로 중요한 것이 바리스타의 실력이다. 인테리어는 그다음 문제다. 하지만 우리나라 대부분의 카페들이 가장 신경 쓰는 것이 첫째도 인테리어, 둘째도 인테리어 아니던가? 이것은 커피 맛이 아니라 브랜드와 인테리어를 보고 들어갈 카페를 정하는 소비자들 때문에 어쩔 수 없는 선택이었다. 하지만 이제 곧 그런 시대는 가고 정직한 커피의 시대가 올 것이다.

이때는 커피의 맛을 정직하게 내는 장인 정신을 가진 카페가 성공한다. 새해에는 커피 한 잔도 정직하게 제공하는 카페들이 많아지기를 기대한다.

평등
커피

도스토옙스키(Fyodor Mikhailovich Dostoevskii)는 〈죄와 벌〉, 〈카라마조프가의 형제들〉을 쓴 러시아의 대표적인 문호이다. 그는 당대의 문학가, 예술가들이 그랬던 것처럼 커피를 정말 사랑했다고 한다. 지금도 러시아 상트페테르부르크(Saint Petersburg)에 있는 도스토옙스키 박물관에서는 생전에 작품 활동을 했던 책상에 매일 아침 그가 좋아했던 커피를 올린다고 한다.

그의 저서 〈죄와 벌〉의 줄거리는 대략 다음과 같다.

주인공 라스콜리노프는 매우 가난한 사람이다. 그의 동생 두냐는 돈 때문에 사기꾼 같은 스비드리가일로프에게 시집을 가야 하는 상황이다. 여주인공 소냐는 가족을 부양하기 위해 거리의 여자로 나선다. 그를 둘러싼 모든 사람들이 가난해도 정말 가난하다.

라스콜리노프는 전당포 노파를 죽이고 그의 돈을 가져야겠다고 결심한다. 전당포 노파는 아무 쓸모도 없는 악한 사람이기 때문에 죽여서 그의 돈을 필요한 사람들이 나누어 갖는 것은 정의로운 일이라고 생각한 것이다.

그리하여 노파를 죽이고 돈을 빼앗았지만, 예상치 못한 일이 일어난다.

그의 살인을 목격한 사람이 있었던 것이다. 무고한 목격자도 죽이고 그는 죄책감에 시달리게 된다. 극심한 고통에 시달리다 못한 그는 애인인 소냐에게 자신의 범행을 고백하는데, 그녀는 그에게 광장 네거리로 가서 대지에 입을 맞추고 사람들 앞에서 자기의 죄를 고백하라고 이야기한다. 그녀의 충고대로 라스콜리노프는 광장에서 자기의 죄를 고백하고 시베리아로 가서 자기의 죗값을 치른다.

소설 〈죄와 벌〉은 단순히 요약하기 어려울 정도로 심오한 철학적 의미를 담고 있는 작품이다. 이 책에서 작가가 말하는 중요한 원칙을 몇 가지만 살펴본다면 다음과 같다.

누구든 세상을 구원한다는 명목으로 악을 행해서는 안 된다. 또 죄를 저지른 사람은 그 죄가 세상에 드러나지 않아도 자신의 마음속에 평생 죄책감을 감당하고 살아야 한다. 그리고 죄를 저지른 사람은 반드시 그 죗값을 치러야 한다. 이러한 관점에서 법치주의(法治主義)의 중요한 원칙을 발견할 수 있다. '모든 사람은 법 앞에서 평등하다'는 것이다. 그 어떤 사람이든지 지위 고하를 막론하고 죄를 저질렀으면 법이 정한 대로 벌을 받아야 한다. 이것이 법치주의의 이념이다.

이번에 박 전 대통령의 검찰 조사와 관련해서, 과거에는 잘 모르던 이야기가 언론에 소개되었다. 검찰청에 소환된 피의자들이 거물급이라면 본격적인 피의자 심문 이전에 티타임을 갖는 것이 관례라는 것이다.

손님이 찾아오면 차를 대접하는 것은 당연한 일이라고 하겠지만, 상대방이 범죄 사실을 조사받으러 온 피의자라면 이야기는 달라진다. 아무리 전직 대통령이라고 해도 피의자 신분으로 검찰청에 소환된 사람에게 그렇게까지 친절할 필요까지 있었느냐며 볼멘소리도 나왔다.

검찰 측에서는 차를 마시면서 상대방의 마음을 살펴보기 위한 꼭 필요한 절차였다고 에둘러 설명했다. 검찰청에 조사받기 위해 긴장하며 들어선 피의자가 차를 마시며 마음을 돌리게 되는 경우도 있다고 하니 그건 그렇다고 치고, 그렇다면 검찰에 조사받기 위해 소환된 모든 피의자들도 동일한 대우를 받았는가 하는 의문이 생긴다.

검찰에서 대접한 차가 차(茶)였는지 커피(Coffee)였는지 알 수도 없고 그다지 알고 싶지도 않지만, 아무리 많은 죄를 저지른 사람이라고 해도 검찰청에서 특별한 대우를 받는 사람들이 있다는 생각에 조금은 마음이 쓸쓸하다. 커피나 차는 비록 그 퀄리티가 차이가 난다고 해도 가난하든 부자든 누구나 마시는 것이다. 그렇기에 차별이 있어서는 안 된다.

필자는 이렇게 말하고 싶다. 모든 사람이 법 앞에 평등한 것처럼, 모든 사람들은 커피(차) 앞에 평등하다고…… 커피는 평등(平等)이다.

커피
권력

쿠데타로 권력을 잡은 군인은 모든 권력은 총구에서 나온다고 할 것이고, 기자는 펜 끝에서 권력이 나온다고 주장하겠지만 진짜 권력은 국민에게서 나온다. 국민을 저버린 정권은 국민으로부터 버림을 받게 되고, 아무리 그들이 부정하고 싶어도 이 사실은 역사가 증명한다.

병정들이 행진한다.
이 마을 저 마을 지나
-중략-

라쿠카라차
라쿠카라차
아름다운 그 노래
-후략-

이 곡은 '라쿠카라차'라는 멕시코 노래다. 학창 시절에 이 노래를 처음 접했을 때에는 부르기에 흥겹고 빠른 노래라 축제 때 부르는 노래 정도로 알고 있었는데, 알고 보니 특별한 사연이 있었다.

'라쿠카라차'는 1910년 멕시코 혁명 때 불렀던 민요다. 스페인어로 바퀴벌레를 가리키는 이 단어는 멕시코 농민들이 자기들의 정체성을 표현하기 위해 사용한 말인데, 자기들은 아무리 죽여도 끊임없이 나타나는 바퀴벌레와 같이 질긴 생명력을 갖고 있음을 나타내기 위해 사용한 것이라고 한다.

'아무리 우리를 짓밟아봐라, 우리가 사라지나.'

'아무리 우리를 죽여 봐라, 우리의 생명력은 영원할지니.'

멕시코의 현대사를 살펴보면 권력자들에 의해 농민들이 수탈당하고 고난을 당한 역사였다. 스페인의 식민 통치를 끝내고 멕시코가 독립하게 되었을 때 그들에게는 장밋빛 미래만 있을 줄 알았을 것이다. 하지만 멕시코 국민은 연이은 독재자의 등장과 권력 암투에 따른 내전으로 고통을 겪을 수밖에 없었다. 국민을 위한다는 명목으로 수많은 정치인들이 등장했다. 하지만 정치 권력자들의 등장이 아무리 화려했어도 그 끝은 비참했고 보잘것없었다. 국민들을 외면하고 자기들끼리 권력 다툼을 한 결과, 동지가 적이 되고 암투와 암살이 계속되었기 때문이다. 하지만 멕시코 국민들은 '라쿠카라차' 노래처럼 역사 속에서 바퀴벌레와 같은 영원한 생명력을 자랑한다.

어떤 정치인은 국민들은 개돼지와 같다고 비웃었다지만 국민들은 결코 우매하지 않다. 그들이 비웃는 것처럼 국민들은 결코 그렇게 우스운 존재가 아니다. 국민은 권력의 처음이고 끝이며 모든 권력의 핵심이다.

지금 대한민국은 카페 공화국이다. 세계적인 프랜차이즈 카페가 주류를 이루고 있고, 골목마다 카페들이 즐비하다. 커피를 마시는 소비자들이 지속적으로 증가하고 있고, 국내 일인당 커피 소비량은 큰 폭으로 상승하고 있다. 커피를 매개로 한 거대한 시장이 형성되고 있는 것이다. 그렇다면 이 큰 커피 시장을 주도하는 힘은 어디에서 나오는가? 이 힘을 필자는 '커피 권력'이라고 부른다.

커피 권력은 누구에게서 나오는가? 커피 시장을 움직이는 권력은 국제 커피 기구나 바리스타 자격증 발급을 주관하는 협회도, 커피 음료를 판매하는 카페 주인에게도 있지 않다. 그것은 커피를 즐기는 소비자에게서 나온다. 엄밀하게 말하자면 커피 권력은 커피 한잔을 사서 마시는 소비자의 지갑에서 나온다는 말이다. 커피를 사서 마시는 소비자들의 마음을 얻지 못한다면 결코 커피로 성공할 수 없다.

아무리 커피를 맛있게 내리는 기술이 있어도 찾아오는 손님을 무시하는 카페는 결국 소비자에게 외면을 받게 된다. 소비자의 기호를 무시하며, 소비자를 단지 돈벌이 대상으로만 생각하는 카페 주인은 결코 커피로 성공할 수 없을 것이다. 모든 권력이 국민으로부터 나온다는 이 사실을 잊어버린 정치인들은 잠시 성공한 듯 보여도 끝 모를 추락을 맛보게 되는 것처럼, 커피 소비자를 무시하는 카페는 결코 살아남을 수 없게 될 것이다.

당연한 말이지만 커피 권력이 커피를 찾는 소비자에게서 나온다는 것을 기억한다면 커피 관련 업종에서 일하는 사람들은 소비자의 마음을 얻기 위해서 노력해야 하지 않을까? 무한 경쟁의 시대에 살아남으려면 소비자를 감동시키기 위해 연구해야 하고, 투자해야 하고, 한번 찾아온 소비자가 다시 찾아올 수 있도록 배려해주는 새로운 전략이 필요하다. 커피 시장을 움직이는 힘은 커피 권력을 쥐고 있는 소비자들에게 있기 때문이다.

혁명의 커피, 프렌치 카페

역사 속에서 커피는 대중의 사랑을 받아왔다. 에티오피아에서는 병을 고치는 약으로 사용되기도 하고, 전사들의 에너지를 공급해주는 비상식량으로도 사용되었다. 수피교 수도승들의 잠을 쫓아주는 신비한 음료이기도 했으며, 이슬람교도들에게는 지옥에 떨어지지 않도록 도와주는 부적이기도 했다.

예멘에서 커피는 전매품으로 반출이 불가한 식물이었는데, 인도에서 성지 순례길에 목숨을 걸고 커피 씨앗 일곱 개를 자기 고향에 옮겨 심은 바바부단의 일화가 전해지기도 한다.

터키 이스탄불에서는 총독령(總督令)으로 커피를 마시거나 판매하는 사람들을 가죽 부대에 넣어서 보스토프 해협에 던져 넣어 죽이는 일도 있었다. 커피는 어느 지역, 어느 문화이든 도전을 받았지만 언제나 승자였다.

커피는 자유요 해방이며 혁명이었다.

프랑스인들은 커피를 사랑하는 민족이다. 영국도 처음에는 커피를 마셨지만 점차적으로 커피보다는 차를 마시기 시작했는데, 사실 영국인들이 미각이 그리 뛰어나지 않다는 점을 감안한다면 그럴 수도 있다는 생각이 든다.

프랑스인들은 나폴레옹의 대륙 봉쇄령으로 인해서 커피를 마시지 못할 때에도 치커리 뿌리를 볶아서 커피 대용품을 만들 정도로 커피에 빠져 있었다고 할 수 있다.

커피 기구 중에 프렌치 프레스(French Press)라는 침출식 추출 기구가 있는데, 대체 프랑스를 제외하고 어느 나라, 어느 민족이 자기네 이름으로 된 커피 기구를 가지고 있을까?

이렇듯 프랑스인들은 커피를 사랑하고 즐겨 마신다. 기록에 따르면 유럽에 커피가 전해지고난 후 1789년 프랑스 대혁명 직전까지 파리에는 약 2,000곳 이상의 카페가 들어섰다고 한다. 커피와 관련된 역사적인 사건은 빅토르 위고의 〈레미제라블〉에서도 찾아볼 수 있다.

이 작품의 배경은 1832년 6월 1일 일어났던 프랑스 6월 항쟁이다. 프랑스 대혁명의 결과, 왕정을 몰아내고 공화정을 세웠으나 다시 왕정이 복귀되어 루이 필립 1세가 황제의 자리에 올랐다. 이에 시민들의 불만이 고조되었고 당시 젊은이들을 중심으로 혁명의 움직임이 일어나고 있었다.

공화정으로의 회복을 꿈꾸던 혁명 세력은 라마르크 장군의 장례식을 기점으로 혁명을 일으켰다. 라마르크 장군은 실존 인물로 공화주의를 대표하는 사람이었는데 콜레라로 사망했다. 이때 일어난 프랑스 6월 항쟁은 황제가 망명을 생각할 정도로 위협적이었으나 시민들의 무관심과 군대의 무자비한 진압으로 실패로 끝나고 말았다.

안타깝게도 시민들이 외면하는 사이에 시민 혁명을 기획했던 젊은이들이 하나둘 목숨을 잃었다. 비록 이 항쟁은 실패로 끝났지만, 프랑스 왕정의 종지부를 찍은 1848년 프랑스 2월 혁명에 가장 큰 영향을 준 역사적인 사건이 되었다고 한다.

자유와 평등, 박애를 상징하는 프랑스 삼색기의 청색, 백색, 적색은 6월 항쟁 당시 젊은이들이 가슴에 부착했던 휘장의 색을 그대로 가져온 것이라고 전해진다.

그렇다면 이 젊은이들의 의식을 깨워주고, 시대에 대해 토론하고 분노하고 뜨거운 열변을 토하며 혁명의 사상적 기초를 다지게 했던 곳은 어디였을까? 그곳이 바로 카페였다.

2012년 상영된 영화 '레미제라블'을 보면 젊은이들이 모였던 장소가 ABC카페였음을 알 수 있다. 커피를 마시며 시대를 논하고 나라를 걱정하며 헌신했던 그들의 함성을, 그들의 노래를 이 시점 대한민국에서 기억해보는 것도 의미 있는 일이지 싶다.

다음은 뮤지컬 '레미제라블'에 나오는 '민중의 노래' 한국어 가사이다.

너는 듣고 있는가, 분노한 민중의 노래 / 다시는 노예처럼 살 수 없다 외치는 소리 / 심장 박동 요동 쳐, 북소리 되어 울릴 때 / 내일이 열려 밝은 아침이 오리라

모두 함께 싸우자 누가 나와 함께하나 / 저 너머 장벽 지나서 오래 누릴 세상 / 자 우리가 싸우자 자유가 기다린다

너는 듣고 있는가, 분노한 민중의 노래 / 다시는 노예처럼 살 수 없다 외치는 소리 / 심장 박동 요동 쳐, 북소리 되어 울릴 때 / 내일이 열려 밝은 아침이 오리라

너의 생명 바쳐서 깃발 세워 전진하라 / 살아도 죽어서도 앞을 향해 전진하라 / 저 순교의 피로써 조국을 물들이라

너는 듣고 있는가, 분노한 민중의 노래 / 다시는 노예처럼 살 수 없다 외치는 소리 / 심장 박동 요동 쳐, 북소리 되어 울릴 때 / 내일이 열려 밝은 아침이 오리라

커피는 혁명이다.

벚꽃 마케팅

'벚꽃엔딩'이라는 노래가 있다. 해마다 봄이 되면 어김없이 흘러나오는 노래다. '그대여'로 시작되는 감미로운 이 노래를 듣고 있자면 계절 마케팅의 좋은 성공 사례를 보는 듯하다.

벚꽃이라 하면 보통 일본을 연상하지만, 사실 벚꽃의 고향은 우리나라 제주도라고 한다. 일본인들이 자랑해 마지않는 것이 사실 우리로부터 시작된 셈이다.

벚꽃이 예쁘기는 해도, 일본이 조선 왕실의 정통성을 훼손하기 위해 창경궁에 벚꽃을 심고 유락 시설을 만들었던 역사적 사실을 듣고 있자면 마냥 좋지만은 않다. 실제로 과거에는 벚꽃 하면 떠오르는 이미지가 그리 좋은 것은 아니었다. 일본이 자행한 태평양 전쟁에서 산화한 제국주의의 상징 가미가제 특공대 정도였을 것이다. 그러나 공전의 히트를 친 일본 애니메이션 '초속 3센티미터' 이후로 벚꽃의 이미지는 애틋함으로 바뀌었다.

벚꽃은 봄의 상징이 됐다. 벚꽃이 피면 반가운 마음이 든다.

최근 일본은 생각보다 일찍 벚꽃이 피고 있다. 그래서인지 일본 스타벅스에서는 계절 한정으로 벚꽃 프라페를 선보이고 있다.

한정이라는 말을 사용하면 왠지 안 사면 안 될 것 같은 조급함이 생긴다. 실제로 들어가 본 일본 다자이후의 스타벅스에는 길게 줄지어 기다리는 사람들로 가득했다. 매대에는 벚꽃 무늬가 들어간 텀블러, 물병, 머그컵 등의 상품들이 진열되어 있었고, 그중 몇 개는 소장하고 싶은 충동이 생길 정도로 예뻤다.

그러던 중 계절을 마케팅에 이용할 줄 아는 일본 스타벅스의 경영 전략에 감탄하게 되었다. 통상적으로 겨울은 커피 시장이 얼어붙는 시기이다. 추우면 사람들이 카페에 가 있을 것 같지만 사실은 그 정반대다. 추우면 사람들이 외출 자체를 안 하기 때문에 손님이 줄어든다. 많은 카페가 겨울의 매서운 추위에 경영난을 겪게 된다.

그리고 나서 맞이하는 봄은 어떨까? 특별한 변화와 마케팅 전략이 없으면 커피 시장에 봄은 오지 않는다. 그런 의미에서 계절 마케팅은 그냥 한번 생각해볼 문제가 아니라, 생존을 위해 필수적으로 검토해서 적극적으로 반영해야 하는 중요한 사안이다.

무궁화가 만개하는 8월에는 산림청이 주관하는 무궁화 축제가 있다. 이때 전국적으로 무궁화 라떼나 프라페를 출시해보는 건 엉뚱한 상상일까?

화합의 기술, 커피 블렌딩

　오케스트라 연주를 들어본 적이 있을 것이다. 제각기 다른 음색을 가진 수많은 악기들이 함께 모여 지휘자의 손길에 따라 아름다운 음악을 연주할 때처럼 멋진 순간이 있을까? 하지만 아무리 좋은 악기라고 해도 연주자들이 멋대로 소리를 낸다면 도저히 들어줄 수 없는 시끄러운 소리가 나게 될 것이다. 서로 화합하지 않는 소리는 소음에 불과하다. 이것을 불협화음이라고 한다.

　커피의 세계에도 오케스트라처럼 합주의 세계가 있다. 커피 블렌딩의 세계가 바로 그것이다.

　사실 블렌딩은 커피의 고유 영역은 아니다. 오히려 향수나 와인, 위스키가 그 역사가 깊다. 최근에는 차, 심지어 막걸리에 이르기까지 아주 다양한 영역에서 블렌딩 기술이 활용되고 있다.

　최초의 블렌딩은 좋은 향미를 얻기 위한 욕구에서 시작된 것이라고 할 수 있다. 블렌딩을 통해 단종(Straight) 커피의 고유한 맛과 향을 강조하면서도 좀 더 깊고 조화로운 향미를 창조할 수 있다. 단종 커피에서는 얻을 수 없는 향이 다양한 커피를 섞어주는 블렌딩을 통해 얻어진다는 것을 알게 되면서 블렌딩의 기술이 발전했다.

하지만 커피 블렌딩이 부정적으로 사용되는 경우도 있다. 예를 들어 블루마운틴 블렌드라고 할 때 자메이카의 블루마운틴 커피가 극히 일부만 포함되어도 그 이름을 붙이기도 한다. 세계 3대 커피인 블루마운틴의 명성에 기대어 과대 포장하는 좋지 않은 경우다. 심지어 아예 포함되지 않았어도 그 맛과 향이 나도록 했다며 그 이름을 사용하는 일도 있다. 정직하지 않은 블랙 마케팅의 예라고 할 수 있다.

하지만 앞서 제시한 것과 같이 커피 블렌딩은 예상보다 훨씬 좋은 향미를 나타내기도 한다. 각각의 싱글 오리진 커피에서는 결코 느끼지 못했던 아로마가 발생하는 것이다. 이것이 커피 블렌딩의 장점이다. 각각의 커피의 아로마들이 서로 합쳐져서 발생하는 시너지 효과가 생기는 것이다.

이노베이션(Innovation), 이 말은 혁신이라고 번역되어서 기존에 있던 기술들이 서로 만나 새로운 기술력으로 탄생할 때에 사용된다. 컬래버레이션(Collaboration), 이 말은 전혀 어울릴 것 같지 않아 보이던 것들이 함께 협력했을 때에 나타나는 기대를 가지고 있는 말이다. 컬래버레이션을 통한 이노베이션이 커피 블렌딩의 가치이다.

아프리카 땅에서 자라 아프리카 농부의 손에서 자라고 수확된 커피에는 아프리카의 향기와 정서가 담겨 있고, 아시아, 중남미, 그 어느 곳에서 자라든 그곳에서 난 농산물은 그 땅의 향기와 농부의 향취를 지니고 있다.

원산지별로 커피는 제각기 자기의 멋진 향기를 뿜낸다. 일반적으로 아프리카 지역의 에티오피아 커피는 여성적인 커피라고 말하는데 그 이유는 과일과 꽃의 향기와 산미가 강렬하기 때문이다. 반면에 아시아 지역의 인도네시아 만델링 커피는 묵직한 바디감과 진한 초콜릿의 향미가 마치 중후한 남성을 닮았다고 평가된다. 중남미 지역의 커피, 특히 허브 향과 너트 향이 특징인 브라질 커피는 중성적인 커피로 알려져 있다. 어떤 커피와 블렌딩을 하여도 잘 어울리기 때문이다. 이런 커피들을 서로 섞어줄 때에 블렌딩의 기술력에 따라 향기로운 커피가 재탄생되는 것이다.

최적의 비율로 블렌딩된 커피는 화합의 아름다움을 보여주는 진수라고 할 수 있다. 역사적으로 볼 때 강하고 위대한 문명을 꽃피운 민족들은 화합의 기술을 가지고 있었다. 지금 대한민국은 그 어느 때보다 블렌딩 기술이 필요한 때라고 말한다면 과언일까?

잘 블렌딩된 커피처럼 사람들의 마음이 아름답게 하나로 어우러져, 정말 아름다운 향기로 전 세계인들의 마음을 감동시키게 되는 순간이 속히 오게 되기를 기대한다.

보람
커피

사람들은 커피를 좋아한다. 좋아해서 마시는 것인지, 다들 마시니까 좋다고 하는 것인지 구분하기 힘들 정도로 많은 사람들이 커피를 자주 마신다. 하지만 커피를 마시면서 보람을 느끼는 사람은 얼마나 될까?

카페 주인들에게 보람이란 투자한 만큼의 이익 창출이라고 말할 수 있을 것이다. 같은 이유로 카페에서 일하는 커피 노동자들의 보람이 땀 흘려 일한 만큼의 정직한 소득을 얻는 것이라면, 커피 소비자들의 보람은 무엇일까? 자기가 지불한 금액만큼의 가치를 커피와 서비스를 통해 돌려받을 때에 보람을 느끼게 될 것이다.

양(Amount)의 시대

과거에 못 먹고 못 살던 시절에 인사는 "밥 먹었니?"였다. 식사를 대접할 때면 무조건 많이 드시라고 권했고, 대접받는 사람도 많이 먹어주는 것이 예의였다. 이때는 무엇이든 양으로 승부했다. 맛은 좀 떨어져도 같은 값이면 양이 많은 것을 선호했다.

멋(Style)의 시대

하지만 경제가 성장하고 생활이 윤택해지고 난 이후에 사람들은 멋스러운 것을 추구했다. 좀 일찍 멋을 추구했던 예술가들을 제외하고는 대부분 경제적인 형편이 좀 나아진 이후였지만, 음악다방에서 커피를 시켜놓고 고독에 잠기는 멋을 부리게 된 것은 그래도 먹고사는 문제가 어느 정도 해결된 80년대 이후였다. 스타벅스는 1991년 신촌 이대에 1호점을 오픈했다. 그 이후로 소위 유행 좀 안다는 사람들은 스타벅스를 드나들었고, 그곳 커피가 마치 멋스러움의 대명사인 것처럼 그곳에서 하루 종일 시간을 보내는 사람들도 생겨났다. 스타벅스가 아닌 소규모 카페에 가는 것을 마치 유행에 뒤처지는 것처럼 생각하는 사람들도 많아졌다.

맛(Taste)의 시대

좀 더 시간이 지난 후에 대중은 맛에 반응했다. 이것은 여유 시간이 많아진 여성들의 출현과 무관하지 않다. 경제적인 여유와 시간까지 자유로운 사람들은 맛집을 찾아 발품을 파는 수고를 마다하지 않았다. 특히 개인 소유의 자동차들이 많아지면서 사람들은 맛집을 찾아가는 여행을 즐기기 시작했다. 인터넷과 모바일 혁명은 이를 뒷받침해준 일등 공신이라고 할 수 있다. 사람들이 맛에 열광하자 맛집을 소개하는 블로그가 많아지고 '파워 블로거'가 등장했다. 근래 들어 방송에서 맛집을 소개하는 프로그램이 유행하자 외식 업체의 지각 변동이 일어나기도 했다. 지금도 단지 유행으로 끝날 것 같지 않은 맛의 시대가 이어지고 있다.

가치(Value)의 시대

여전히 사람들은 맛집을 찾아다닌다. 하지만 그들은 깨닫기 시작했다. 맛집이라고 가봤더니 별것 아닌 집들도 많다는 것을…….

물론, 아직도 양 많은 것을 선호하는 사람들도 있다. 같은 값이라면 양 많고 맛 좋고 질 좋은 것을 좋아하는 것은 어쩌면 당연한 인간의 욕구이다. 하지만 앞으로도 그럴까? 시민 의식이 성숙해지면 사람들은 작은 것에도 의미를 부여하려고 한다. 그것은 인간이 지금 실존적으로 경험하고 있는 무의미성 때문일 것이다. 작은 것이라도 가치 있는 것을 선택하고, 그것을 통해서 보람을 느끼고 싶은 것이 인간 심성 안에 있는 선한 동기의 발현이다.

이제 대한민국은 가치 추구의 시대에 접어들었다고 본다. 커피 한잔을 마셔도 양보다는 질을 추구하는 시대에서, 같은 가격과 질이라면 이제 그 의미와 가치를 추구하는 시대가 되었다는 말이다. 이미 오래전 시작된 공정무역 커피운동은 가치 부여의 좋은 예라고 할 수 있다. 이제 더 나아가서 지금 우리가 살고 있는 대한민국에서 마음에 더 와닿는 가치 부여의 움직임이 있었으면 한다.

예를 들어 소비자가 커피 한잔을 마실 때 일정 금액의 통일 비용이 적립된다면 어떨까? 아니면 커피를 판매하여 남는 이익금으로 장애인들의 보장구를 구입하여 지원하는 프로젝트는 어떨까? 소비자들의 의식은 이미 성장하고 있고, 그에 따라 커피 한잔을 마셔도 가치와 보람(Worthwhile)을 생각하는 시대가 우리 앞에 성큼 와 있다고 말한다면 너무 성급한 예측일까?

# 커피와 앞치마

커피를 만드는 사람을 바리스타(Barista)라고 한다. 그들이 대체로 작업대(Bar)에서 음료를 만들기 때문에 붙여진 이름이다. 커피와 우유를 다루고 시럽과 각종 소스를 사용하는데, 음료를 만드는 과정에서 우유 거품이나 다른 비산물들이 옷에 튀기 때문에 앞치마를 입고 음료를 만든다.

바리스타들이 입는 의상은 깨끗함을 강조하기 위해서 흰색이나 검정색 계통의 옷을 입으며, 그 위에 앞치마를 받쳐 입는다. 입지 않는 바리스타도 있지만 안 입는 것보다 입는 것이 여러모로 깨끗해 보이고 위생상 좋아 보인다.

그렇다면 앞치마는 인류 역사 속에 언제 등장했을까? 고대 이집트로 거슬러 올라가면 왕이나 상류층들이 권위의 상징으로 앞치마를 입었다고 전해지는데, 기독교의 경전인 성경에 보면 이스라엘의 대제사장이 입었던 거룩한 옷인 에봇이 앞부분만 가린 앞치마의 형태를 하고 있었던 것으로 짐작된다. 앞치마는 세상과 구별되는 거룩함의 상징이었던 것이다.

유럽에서는 중세에 들어서면서 군인들이 무장(武裝)의 용도로 앞치마를 사용하기도 했다고 하며 16세기 유럽의 상류 사회에서는 여성들이 권위와 품격을 나타내기 위해서 아름답게 장식된 주름진 앞치마를 입었다고 한다. 17세기에는 앞치마가 대유행하여 레이스와 자수로 장식했는데, 프랑스의 앙리 4세비의 앞치마는 다이아몬드와 진주로 장식하여 화려함의 극치를 이루었다고 한다. 하지만 당시 평민들은 세탁이 용이하고 오염을 방지하기 위한 실용적인 용도로 입었다고 한다.

우리나라의 역사 속에서도 앞치마는 등장한다. 1592년(선조 25년) 2월 임진왜란 당시에 3만 왜군이 지금의 행주산성으로 쳐들어왔는데, 이때 전라도 순찰사로 있던 권율 장군이 정병 2,300명과 승병 및 농민군들과 함께 성을 지키고 있었다. 이때 여인들이 긴 치마를 잘라 짧게 덧치마를 만들어 입고는 치마폭에 돌을 주워 담아 전쟁의 승리를 견인했다고 한다. 이것을 행주치마라고 불렀고, 그 이름을 따서 행주산성이라는 이름이 생겼다고 한다.

한편 커피와 관련한 앞치마의 기록은 1690년 그리스 크레타 섬 출신인 칸디아(Condiot)라는 사람이 처음이다. 기록에 따르면 그는 하얀 앞치마를 두르고 바구니를 배 쪽으로 고정한 상태에서 커피 주전자를 들고 행상에 나섰다고 한다. 그는 "커피요!"라고 소리치며 다녔고, 그 소리를 듣고 컵을 들고 나온 손님에게 커피를 따라주면서 장사를 했다고 한다. 아마도 그가 최초의 케이터링(Outside Catering) 커피 상인이 아니었을까? 그가 찾아가는 커피 서비스를 하면서 몸에 두른 것이 앞치마였다.

살펴본 것처럼 앞치마는 단순히 오염을 방지하기 위한 도구이기 전에, 권위의 상징이기도 했고, 부와 귀를 나타내는 것이기도 했으며, 유행에 앞서 나가는 여인들의 감각을 뽐내는 도구이기도 했고, 어려움을 겪을 때에 나라와 민족을 구한 여인들의 애국심의 발현이기도 했다.

    그렇다면 오늘날 바리스타들이 두른 앞치마가 의미하는 것은 무엇일까? 그것은 다름 아닌 섬김에 대한 각오이며 표현이다. 가정에서 남편이 앞치마를 두르고 고무장갑을 끼면 오늘 설거지는 내가 하겠다는 의지의 표현인 것처럼, 더 이상 앞치마는 권위의 상징도 자신의 부귀를 자랑하는 도구도 아니라 섬기겠다고 하는 의지의 표현인 것이다.

커피로 이웃과 소통하세요

커피를 입문할 때에 제일 먼저 듣는 이야기가 '칼디(Kaldi)의 전설'이다. 이 이야기는 그야말로 '옛날 옛적에'로 시작되는 옛이야기 느낌인데, 적당히 학설처럼 포장되어 있다. 오마르의 전설, 마호메트의 전설과 함께 3대 커피 기원설이라고 일컫는다. 칼디의 전설은 17세기 이탈리아 출신의 동양학자 파우스테 나이로니가 쓴 책에 바탕을 두고 있다고 한다.

어느 날 에티오피아의 목동인 칼디가 키우던 염소들이 이리 뛰고 저리 뛰며 흥분하기 시작했다. 가서 보니 빨간 열매를 먹은 염소들이 잔뜩 흥분해 있는 것이었다. 그 열매를 입에 넣고 씹어보니 기분이 좋아지고 힘이 솟는 것을 알아챈 칼디가 주변의 수도원에 열매를 가지고 갔다. 수도원장 스키아들리는 그가 가져온 열매의 진가를 알아보았고, 이때부터 수도승들은 기도할 때 잠들지 않기 위해 이 열매를 먹었다고 한다.

하지만 여기부터 이야기가 꼬이고 있다. 수도원 이야기에서부터 이슬람 전설과 겹치는 부분이 생기기 때문이다. 뿐만 아니라 칼디가 도대체 누구냐고 물어본다면 이야기는 더 궁핍해진다. 그가 누구인지 알 수도 없고 알 방법도 없기 때문이다. 마치 '옛날 옛적에, 호랑이 담배 피우던 시절에……'로 시작하는 이야기처럼 누군가 재미있게 풀어낸 커피 이야기이다.

커피에 관한 또 다른 기원설이 있다. 무슬림들이 주장하는 오마르의 전설이다. 오마르는 무슬림의 지도자였는데, 도성에 도는 역병을 치료해주다가 술탄의 딸도 치료해주었다. 하지만 도성에 오마르와 술탄의 딸과 관련된 소문이 퍼지면서 문제가 생겼다. 딸과의 관계를 의심한 술탄이 격노하여 오마르와 그의 일행을 추방했기 때문이다.

대책 없이 쫓겨난 오마르는 먹을 것이 없어 고생하다가 커피 열매를 발견했다. 새들이 먹고 있는 빨간 열매를 그도 먹자 눈이 밝아지고 몸에 힘이 솟아났다. 때마침 도성에 다시 역병이 돌았고 그는 이 열매들을 가지고 도성으로 돌아가서 사람들을 고쳐주었는데 치료 효과가 아주 좋았다고 한다. 이야기는 여기에서 끝나지 않고 해피엔딩으로 이어진다. 술탄은 커피로 역병을 고쳐준 공로를 인정하고 오마르가 자기 딸과 결혼하는 것을 허락해주었다. 커피가 엮어준 로맨스인 셈이다.

사실 이 기원설도 원래의 이야기에 여러 가지 이야기가 덧붙여 만들어진 것으로 볼 수 있다.

중동 문학의 최고의 정수인 〈아라비안나이트〉의 경우를 생각해본다면, 원래 재미있는 이야기에는 또 다른 이야기가 덧붙여지게 마련인 것 같다. 1,001가지의 이야기가 사실은 왕의 손에 죽지 않기 위해 셰에라자드라는 한 여인이 매일 밤 지어낸 이야기라고 하니 말이다. 재미있는 이야기는 원래 이야기에 다른 이야기가 덧붙여질 때 재미와 흥미가 더해진다.

역사를 살펴보면 커피의 맛과 향은 재미있는 이야기와 함께 전해졌다. 술을 마실 때에 언성이 높아지고 결국에는 다툼이 일어난 경우가 흔한 것과 달리, 커피를 마시면 재미있는 이야기가 꼬리에 꼬리를 물면서 계속된다. 커피는 가볍고 빠르게 마실 수도 있다. 하지만 재미있는 이야기를 이어가면서 마신다면 더 좋을 것이다.

우리가 살고 있는 이 시대는 대화와 소통이 대단히 부족한 시대라고 할 수 있다. 대화가 없어서 오해와 다툼이 일어나기도 한다. 이웃과 대화가 없으니 사소한 일에도 이웃과 갈등이 생기기도 한다. 평소에 재미있는 이야기로 이웃과 소통하는 문화가 형성된다면 훨씬 더 세상이 살기 좋아질 것이다. 커피는 이웃과 소통하며 이야기를 나누기에 '딱 좋은' 음료이다.

고속도로 커피 프랜차이즈의 커피값은 적당한가

이 대리는 가족과 함께 모처럼의 여름휴가를 떠났다. 목적지는 경남 남해. 해수욕과 삼림욕을 함께 즐길 마음에 운전대를 잡은 이 대리의 마음이 흥겹다. 아내는 휴가 짐을 싸느라 조금은 피곤해 보이고, 여섯 살 막내는 어제 마트에서 산 튜브를 들고 신이 났다. 이제 막 사춘기에 들어선 큰딸은 시크한 표정으로 이어폰을 귀에 꽂고 창문 너머로 시선을 던지고 있다.

이게 얼마만인가? 그동안 회사 일이 너무 바빠서 가족들과 외식 한번 제대로 못 했는데, 이번에는 쥐꼬리만큼이지만 휴가비도 나와서 큰맘 먹고 남해의 펜션을 예약해놓고 가는 길이다.

"빨리 떠나자~ 야야야야 바~ 다로~"

이 대리의 입에서 노래가 흘러나왔다.

그런데 고속도로에 들어서자마자 길이 막히기 시작했다. 가다가 서고, 한동안 밀리다가 풀리고, 운전대를 잡은 이 대리가 피곤해하자 아내는 다음 휴게소에서 쉬었다 가자고 했다. 도착한 휴게소는 인산인해였다.

"정말 많은 사람들이 휴가를 떠나네."

이 대리가 아내에게 말하자, 아내도 놀랐다는 표정으로 말을 건넸다.

"커피 한잔 마시고 가요. 급할 것도 없는데."

우리나라 고속도로 휴게소는 정말 시설이 좋다. 화장실은 물론이고 식당에 가면 맛있고 다양한 음식들이 준비되어 있다. 그리고 커피를 파는 전문점들도 다양한 브랜드가 입점해 있다.

커피 마니아인 이 대리는 평소 즐겨 찾던 커피 전문점이 눈에 띄어서 반가운 마음에 찾아갔다. 그런데 평소처럼 커피 두 잔을 주문하고 할인 카드를 내밀었는데, 할인이 안 된단다. 민망한 마음에 적립은 되냐고 물었더니 그것도 안 된다는 대답이 돌아왔다.

커피를 받아 들고 돌아서면서 이 대리는 아내에게 말했다.

"그렇게 비싼 돈을 받고 적립도, 할인도 안 된다는 게 말이 되나? 제대로 된 휴식 공간이 있는 것도 아니고, 일반 매장보다 서비스가 좋은 것도 아니고, 그렇다고 더 맛있는 것도 아니고……."

아내는 남자가 뭘 그런 것을 가지고 쪼잔하게 그러냐고 핀잔을 준다. 이 대리는 더운 날씨에 제대로 열이 받았다.

"내가 말하면 그렇다고 하면 될 것을……. 그렇게 한마디 해야 되나?"

이 대리가 속상한 것은 돈 몇 푼 때문이 아니다. 가격이 합리적이지 않다는 생각이 들었기 때문이다. 소비자는 자기가 낸 돈에 걸맞은 대우를 받을 권리가 있다. 하지만 고속도로 휴게소의 커피 프랜차이즈 전문점은 서비스 대비 가격이 비싼 것이 사실이다. 고속도로 휴게소의 임대료가 얼마인지 몰라도 서울 도심에 있는 건물 임대료보다 비싸다는 것일까? 고속도로 핵심 지역의 휴게소에 위치하고 있어서 찾는 손님이 적지 않고 모든 메뉴가 테이크아웃이기 때문에 회전률도 100%에 달한다.

이 대리는 운전하는 내내 생각했다. 앞으로는 자판기 커피를 마시든지, 아니면 안 마시는 한이 있더라도 고객을 물로 보는 그런 커피 전문점을 이용하지는 않겠다고…….

2017년 통계에 따르면 전국 고속도로 휴게소의 숫자는 253개소이며, 한 해 이용객은 하계휴가 특별교통대책기간(7.21~8.10) 동안 일평균 483만 명, 총 10,149만 명이 이용하여 이전 해 대비 2.4% 증가할 예정이다. 커피 프랜차이즈 전문점의 충성 고객이 고속도로 휴게소의 커피 전문점을 이용하는 순간 증발해버릴 수도 있다는 점을 업계는 기억해야 할 것이다.

서민 경제의 바로미터, 골목 카페

우리나라 소시민들이 퇴직 후 한 번쯤은 해보고 싶은 사업이 있다. 작은 카페 하나 예쁘게 꾸며서 창업하는 것이다. 커피를 좋아하든지 아니든지를 떠나, 사실 카페 운영이 만만해 보이는 것도 그 이유가 된다.

재정 형편이 좋으면 프랜차이즈 카페를 차려서 폼 나게 운영해보겠지만 창업 비용이 만만치 않아서 대부분 그럴 형편이 못 된다. 그래서 다른 사람이 운영하던 카페가 임대로 나왔다고 하면 앞뒤 재지 않고 뛰어들기도 한다. 하지만 준비 없이 시작하는 모든 것이 그렇듯이 몇 달 만에 후회가 찾아온다. 그토록 꿈꾸던 개인 사업을 시작했는데 장밋빛 청사진은 어디로 가고 끊임없이 찾아오는 어려움에 한숨만 나온다.

임대료를 내야 하는 날은 너무 빨리 다가오고, 부가세 신고를 비롯해서 해보지도 않았던 일들에 매달리게 되어 시간에 쫓기게 된다. 그나마 손님이 많으면 즐겁게 하루를 보내지만, 손님이 없어도 매장을 비울 수는 없어 따분한 시간을 보내기 일쑤다. 아르바이트 학생을 구해서 잠시 쉬고 싶어도 매장 운영이 안 되니 인건비를 감당할 수 없어서 포기한 지 오래다. 이렇게 장사가 안 되는데 길 건너편 상가가 수리를 시작한다. 관심 있게 살펴보니 유명한 프랜차이즈 카페가 들어설 예정이란다. 이전 카페 주인이 가게를 헐값에 내놓고 도망치듯 떠난 이유를 이제야 알 것 같지만, 이미 자기 신세가 이전 주인의 형편과 다를 것이 없어 씁쓸하기만 하다.

통계에 따르면 개인 자영업자 10명 중 4명이 창업한 지 불과 몇 달 만에 문을 닫는 것으로 보도되었다. 지난해에는 폐업한 자영업자가 9만 명으로 5년 만에 최대치를 기록했다고 한다. 아마도 이 중에 커피 전문점을 운영하다가 문을 닫은 자영업자가 차지하는 비율은 상당할 것이라고 짐작된다. 이렇게 개인 창업에 실패하고 문을 닫은 사업자는 생계를 위협받는 상태에까지 몰리기도 한다.

중산층을 꿈꾸던 이들이 끝 모를 나락으로 떨어지게 되는 이런 상황이 결국에 서민 경제의 시한폭탄으로 작용하게 된다. 골목 상권이 살아야 경제가 산다. 당연한 말이지만 서민 경제가 살아야 대한민국이 산다. 걱정스러운 일은 최근에 골목마다 카페들이 자꾸만 생겨나고 있다는 것이다. 카페가 생길 자리가 아닌데도 주택가 골목길에 줄줄이 자리 잡고 있다. 이런 현상이 일어나는 것은 자영업을 하려는 서민들이 카페 외에는 달리 해볼 수 있는 것이 없기 때문일 것이다.

하지만 마냥 이들의 출발을 축하하기에는 걱정스러운 마음이 앞선다. 그래서 제안하는 말이다. 이왕에 커피를 마시러 카페에 간다면, 커피 맛이 좀 없어도, 인테리어가 허름해도, 심지어는 가격이 서비스에 비해 비싸도 우리 동네 작은 카페를 찾아가보는 것이 어떨까?

카페 주인의 한숨과 눈물, 그리고 최저 시급

　대한민국은 최저 임금 때문에 노사(勞使) 간, 사회 구성원들 간에 논쟁이 한창이다. 최저 임금 일만 원은 문재인 대통령의 후보 시절 공약이기도 했고, 노동계는 내년부터 최저 임금을 일만 원으로 반드시 인상해야 한다고 벼르고 있기에 결과가 주목된다.

　필자의 아들도 소위 알바 전문 청년이다. 지금은 제대 후에 잠시 쉬고 있지만 군 입대 전에는 알바를 쉬어본 일이 없었다. 편의점에서 한 달을 꼬박 밤을 새서 일하면 백만 원 조금 넘는 돈을 손에 쥐었다. 자기 입장에선 정말 피 같은 돈일 것이다. 청년 세대의 어려움을 이해하는 한 최저 시급 일만 원의 필요성은 누구보다 공감한다.

　하지만 우려가 되는 것도 사실이다. 영세한 소상공인들은 앞으로 알바를 쓰고 싶어도 쓰기 힘들겠구나 하는 안타까운 생각이 먼저 들기 때문이다. 현재는 운영하고 있지 않지만 한때 카페를 운영했던 사람으로서, 그리고 수많은 제자들이 카페 주인인 현실에 최저 시급 일만 원에 대해 한마디 할 수밖에 없다.

실례를 들어본다면, 제자 중에 남들 보기에 번듯하고 그런대로 매출이 오르는 카페를 운영하는 이가 있다. 남들이 부러워하는 카페이지만 겉보기만 그럴 뿐 속내는 달랐다. 엄청난 임대료 때문에 아무리 벌어도 현상 유지도 힘들다는 이야기를 들었다. 알바 월급을 줄 수도 없어서 몇 달 전부터 가족들이 매달려 카페를 운영하고 있다고 했다.

비단 이 카페만의 문제가 아니다. 거의 대부분의 소규모 카페는 매일매일 쉬지도 못하고 한 달을 꼬박 일해도 임대료를 내고 나면 자신의 수입은 고사하고 인건비도 줄 수 없는 재정적인 압박에 시달리고 있다.

원가에 비해 커피값이 왜 그렇게 비싸냐고 간혹 볼멘소리를 하는 사람들도 있지만 그것은 몰라도 한참 모르고 하는 말이다. 사실 살인적인 임대료에 비해서 커피 원두값이나 재료비는 그리 큰 부담이 아니다. 커피 한 잔의 가격은 거의 대부분이 임대료와 인건비로 구성되어 있다.

통계에 따르면 우리나라 소상공인들의 대부분이 창업 3년 내에 문을 닫는다고 한다. 그들 중에 문을 닫고 싶어서 닫는 사람들은 얼마나 될까? 재정적인 압박을 못 이겨 어쩔 수 없이 폐업을 하는 것이다. 그들도 모두 대한민국의 국민이다. 그러니 그들의 입장도 생각해줘야 한다.

앞서 말한 것처럼 청년 일자리를 많이 만들고 그들에게 보다 많은 수입을 올리도록 최저 임금을 획기적으로 올려주는 일에 전적으로 찬성한다. 하지만 그 이전에 소규모 가게를 운영하는 소상공인들을 위해 임대료 문제를 해결해주는 방법이 선행되어야 한다고 믿는다. 카페나 가게가 없어지면 그만큼 청년들의 알바 자리도 없어진다는 사실을 기억해줬으면 좋겠다.

최저 임금 일만 원 시대도 좋지만 이에 앞서 소상공인들의 눈물을 닦아 주고 그들에게 용기를 주는 정책을 기대한다.

혼밥, 혼술, 혼커피족에 주목하라

최근에 우리나라에서도 혼밥 열풍이 불고 있다. 이 현상은 이미 오래전에 일본에서 시작되었다가 대세로 굳혀진 음식 문화로, 핵가족화와 개인주의를 추구하는 최근의 사회적 현상과 밀접한 관계가 있다.

과거 우리나라의 음식 문화는 대식구가 다 함께 모여서 먹는 것이었다. 이 때문에 혼자서 밥을 먹는 것이 어색해서 가볍게 라면으로 때우거나 아예 건너뛰는 것이 차라리 속 편했던 경험이 있다.

그때는 함께 먹어야 맛있고, 나눠 먹어야 행복했다. 여유가 있든 없든, 음식값은 내가 내야 기분이 더 좋았다. 음식점 계산대에서 서로 계산하겠다고 밀고 밀치는 모습은 흔히 볼 수 있는 풍경이었다.

하지만 이제 음식점의 분위기는 크게 달라지고 있다. 김영란 법이 시행되면서 공직자 사회에서는 법에 저촉되지 않으려고 음식점에서 밥을 함께 먹지 않는 분위기가 조성되고 있고, 혹시 함께 식사를 하게 되는 경우에는 각자 밥값을 계산한다고 한다.

공직 사회가 더욱 청렴해지는 계기가 되기를 바라는 마음이지만, 다른 한편으로는 가뜩이나 어려운 이 시기가 지속적인 불황으로 이어지지 않을까 염려가 되는 것도 사실이다.

획기적인 변화가 없이는 생존 자체가 어려워진 상황에 처해 있는 것이 커피 전문점을 위시한 대부분 외식 업체의 운명이다. 이제 망부석처럼 오지 않는 손님을 하염없이 기다리고만 있을 것이 아니라 손님들이 찾아오는 매장이 되도록 발상의 전환과 적극적인 노력이 필요하다.

그중 하나가 매장 내 인테리어 가구의 변화다. 대부분의 카페들은 탁자 하나에 의자 네 개가 한 조인 배치를 기본으로 하고 있다. 작은 탁자와 의자 두 개, 또는 편안한 소파를 배치해놓은 프랜차이즈 매장들도 있다. 하지만 바야흐로 혼밥, 혼술, 그리고 혼커피의 시대가 대두하고 있다. 그렇기 때문에 솔로족들이 커피를 마시고 싶을 때, 부담 없이 카페에 혼자 앉아 마실 수 있는 그런 가구의 배치도 염두에 둬야 할 일이다.

필자의 제자 중에 한 명이 카페에 남편과 함께 갔다가 민망한 경험을 한 일이 있다. 남편과 함께 카페에 들어갔는데, 그날따라 남편은 커피가 마시고 싶지 않아 한 잔만 주문했다고 한다. 그랬더니 한 잔을 시키면 매장에서 마실 수 없고 테이크아웃해서 매장 밖에서 드시라는 대답이 돌아왔다고 한다. 심히 불쾌한 마음으로 카페를 나온 그 손님이 다시 그 카페를 방문할 가능성은 전혀 없다. 그 이야기를 듣고, 서비스 정신은 고사하고 마케팅의 기본도 모르는 그 카페의 앞날이 심히 걱정되었다.

업종을 불문하고 서비스업은 한 사람의 손님이라도 귀하게 여기는 정신이 있어야 한다. 사실 문화·예술·종교 그 어느 분야도 한 명의 소중함을 잊어서는 성공할 수 없다. 그런 의미에서 혼커피족에 주목하는 것은 대단히 의미 있는 일이라고 생각한다.

커피와 허세

서울의 어느 신흥 부촌에서 카페를 운영하는 자매가 있었다.

상권이 중요하다고 해서 나름 비싼 월세도 감수할 요량으로 사람들이 많이 모이는 역세권 주변에 30평 매장을 확보했다. 인테리어 비용이 그렇게 많이 들지는 상상도 못 했지만 이 지역에서는 인테리어가 매상을 좌우한다고 해서 생각보다 훨씬 많은 비용을 지출했다. 비싼 원두와 재료들을 사용했으며, 임금을 더 주고 젊고 매력적인 바리스타들을 고용했다. 그렇게 매장을 오픈하자마자 기대한 것만큼 많은 손님들이 찾아왔다.

그런데 자주 찾아오는 손님들 중에 커피 잔으로 불평하는 사람이 생겼다. 하루는 주인을 조용히 부르더니 분위기도 좋고 맛도 좋은데 커피 잔이 맘에 안 든다고, 이 동네에서는 비싼 도자기 잔을 써야 한다고 커피 잔 브랜드까지 알려주는 것이었다.

가뜩이나 인테리어 비용이며 각종 장비 구입에 들어간 비용이 너무 커서 더 이상 투자할 돈도 없었지만, 그래도 그래야 한다기에 알아본 유럽 유명 메이커의 커피 잔 세트 가격은 충격적이었다. 두 잔 컵과 받침 세트가 수십만 원을 호가하는 것부터 그 이상의 것도 즐비했기 때문이다.

언니는 가격을 알아본 후에 이런 맘이 들었다.

"커피 한 잔을 팔아서 얼마가 남는다고 이렇게 비싼 잔을 사야 하나. 이것이야말로 허영이고 사치지……."

그런데 동생의 생각은 달랐다.

"언니, 우리도 좋은 컵, 비싼 컵 사놓자. 그래야 이 동네에서 장사할 수 있다잖아."

원래 자매가 구비해놓은 잔도 저렴한 것은 아니었다. 나름 상권을 고려해서 영국산 '로얄 알버트'사의 2인용 커피 잔 세트를 8만 원씩에 구입했던 것이다.

며칠 후 카페에 고급 차를 타고 온 젊은 손님이 5천 원짜리 카푸치노를 시켜놓고는 비웃는 소리를 들었다.

"아니, 이 동네에 이런 커피 잔을 쓰는 카페도 있네. 주인이 분위기 파악을 못 하나 봐."

자매는 적잖이 당황했다. 그래서 다음 날 자매는 부유층이 선호한다는 백화점에 가서 비싼 커피 잔 세트를 30만 원에 구입했다. 며칠 뒤에 그 젊은이가 또 방문했기에, 자매는 새로 구입한 비싼 잔을 테이블로 내보냈다.

그런데 그 젊은이가 커피 잔을 보더니 대뜸 이런 말을 했다.

"와, 이거 비싼 잔이네. 그런데 이거 진짜야? 짝퉁 아냐?"

옆에서 커피를 마시고 있던 손님이 듣다못해 한마디 했다.

"XX하네, 커피 맛도 모르는 것들이! 니들이 커피 맛을 알아?"

잔이 좋아야 커피 맛이 좋기는 하다. 종이컵보다는 세라믹 머그컵이 좋고, 그보다는 얇고 보온성이 좋은 도자기 잔이 좋다. 하지만 그보다 더 중요한 것은 커피를 마시는 사람의 인격이다.

카페를 운영하다 보면 소위 진상 손님들을 만나기도 한다. 마치 손님은 왕이라는 듯이 종업원을 하대하며 이것저것 조언한답시고 평가해대는 손님은 대하기가 참 어렵다. 잔보다 커피의 맛과 향이 중요하고, 그보다 사람이 더 중요하다. 커피는 때로는 소통의 도구로 사용되기도 하지만 때로는 자기 과시와 허세의 도구로 사용되기도 한다. 그래서 더욱 조심해야 한다.

필자가 농촌에서 5년 정도 생활할 때가 있었다. 지금으로부터 수십 년 전 일이지만 아직도 기억이 생생하다. 당시 촌부의 가정을 방문했을 때 받는 최고의 대접은 커피였다. 국그릇에 맥스웰하우스 분말 커피를 밥숟가락으로 한 스푼, 설탕을 두세 스푼 넣고 펌프로 방금 끌어 올린 신선한 지하수를 넣고 휘휘 저어 대접하는 커피였다.

그 커피는 너무 달고 양이 많았지만 맛은 일품이었다. 비록 국그릇에 대접받는 커피였지만 대접하는 마음과 정성을 알기에 한 방울도 남기지 않고 다 마셨다.

커피 잔보다 더 중요한 것이 사람의 마음이다. 그 마음을 알기에 수십 년 전 촌부가 내게 대접해준 국그릇 커피는 언제까지라도 그 맛과 향을 잊을 수 없을 것 같다.

좋은 커피는
선택이 아니라
필수다

최근 국내 커피 시장은 새로운 커피족의 등장으로 지각 변동이 일어나고 있다. 커피 한 잔을 마셔도 맛과 향을 꼼꼼 살펴 마시는 소비자층이 바로 그들이다. 이것은 최근 몇 년간 커피 바리스타 교육을 받고 자격증을 취득한 인구의 증가와 무관하지 않다. 커피비평가협회(CCA)에 따르면 서울 중랑구(구청장 나진구)의 자치 프로그램으로 면목4동 주민센터에서 교육을 받은 후 자격검정시험에 합격하여 자격증을 취득한 바리스타만 약 2,000여 명에 이른다.

중랑구뿐만 아니라 전국에서 커피를 배우고 바리스타 자격증을 취득하려는 이들의 수요가 폭발적으로 증가하고 있다. 이들은 바리스타의 길을 걸어가며 자연스럽게 커피의 맛과 향을 알아버렸다.

바야흐로 주면 주는 대로 마시고, 소문난 카페를 찾아 이리저리 유랑하던 커피 노마드 시대에서, 소비자가 맛있는 커피를 선택하고 직접 만들며 맛과 향을 평가하는 커피 주권자의 시대로 접어들었다고 할 수 있다.

소비자들의 선택의 기준이라면 이전에는 '가격이 저렴한가?', '이름이 알려진 프랜차이즈인가?', '카페의 접근성은 용이한가?', 'Wifi가 있는가?', '인테리어가 잘 되어 있는가?', '의자와 탁자가 편리한가?', '공간이 넓어 대화하기에 불편하지 않은가?', '종업원의 인상과 친절도는 어떠한가?' 등이었다. 사실 지금도 위와 같은 사실은 소비자들의 선택을 좌우하는 조건들임에 틀림없다.

하지만 다른 모든 것이 좋아도 커피 맛이 너무나 떨어진다면 점차 소비자들의 외면을 받을 수밖에 없다. 맛집을 찾아 소비자들이 이동하듯 커피 소비자들은 좋은 커피를 찾아 이동한다.

이미 소비자들이 좋은 커피와 나쁜 커피를 구분할 수 있게 되어버린 상황에서 카페나 커피 프랜차이즈 업계의 선택의 폭은 크지 않다. 소비자들이 좋은 커피를 좇아 나쁜 쪽에서 좋은 쪽으로 이동하는 것은 충분히 예측 가능한 일이다. 하지만 국내 프랜차이즈 커피 업계는 이미 높아진 소비자들의 눈높이에 맞출 생각도, 의지도 없어 보인다.

물론 업계 일각에서는 스페셜티 커피(Specialty Coffee)를 매장에 도입하고 나이트로 커피와 같은 신제품을 판매하는 등 약간의 변화를 보이기는 하지만, 이것은 결국 커피값만 높여 이익을 증가시키려는 꼼수로 보일 뿐 소비자를 위한 배려는 아니다.

이제 대한민국의 커피 시장은 훌쩍 커진 커피 소비자들의 수준을 고려해서 그들을 배려해야 할 때가 되었다. 스페셜티 커피를 판매한다는 명목으로 슬쩍 커피 가격을 올릴 것이 아니라, 단기간에 이익은 약간 감소하더라도 가격은 낮추되 커피의 원두는 더 좋은 것으로 사용하는 운영의 묘가 있어야 한다는 것이다. 이런 모습을 보일 때 장기적으로는 소비자의 선택을 받는 지혜로운 일일 것이다.

단순 비교로도 국내의 프랜차이즈 카페의 커피값이 옆 나라 일본보다 1.5배 이상 비싸다. 도쿄의 경우 레귤러 아메리카노(S)의 가격은 대개 2~300엔으로 한국보다 저렴하다. 하지만 커피 원두는 국내 것과 비교해서 떨어지지 않는다. 공급되는 원두의 가격이나 질에 있어서 더 비싸고 좋은 재료를 사용한다. 소비자를 무시하면 소비자의 외면을 받는다.

이제 좋지 않은 저가의 원두를 사용해서 이윤을 극대화하려는 태도를 버려야 한다. 좋은 커피로 승부해야 하는 진검 승부의 시대가 도래했다는 말이다. 누가 소비자들의 선택을 받을 것인가? 누가 치열한 경쟁을 뚫고 승리할까? 같은 가격이라면 보다 좋은 원두를 사용하는 카페가 될 것이 분명하다.

헤밍웨이와
체 게바라가 사랑한
쿠바 커피와
군함도

세계적인 유명 인사들 가운데 커피를 좋아했던 인물은 많이 있지만, 그 중에서도 유독 쿠바와 쿠바 커피를 사랑했던 두 사람이 있다. 한 명은 〈노인과 바다〉, 〈무기여 잘 있거라〉, 〈누구를 위하여 종은 울리나〉의 작가인 헤밍웨이고, 또 한 명은 의사였지만 혁명가의 길을 걸어갔던 체 게바라이다.

쿠바의 대표적인 커피는 자메이카 블루마운틴 커피에 필적한다고 알려진 크리스탈 마운틴 커피이다. 이 나라 커피도 품질에 따라 여러 등급이 나눠져 있지만, 크리스탈 마운틴이 가장 잘 알려져 있다. 이 귀티 나는 이름은 이 커피가 생산되는 지역의 산맥이 마치 크리스탈처럼 아름답다고 해서 붙여진 것이다.

한동안 세계적으로 훌륭하고 귀한 커피는 대부분 일본인들이 전량 수매해서 항공편으로 가져갔다. 자메이카 블루마운틴이 대표적이고, 크리스탈 마운틴도 일본인들이 맡아놓고 수입해서 소모하기 때문에 다른 나라들은 이 커피를 맛볼 기회가 별로 없다.

일본인들의 커피 사랑 이야기가 나와서 말이지만, 이쯤에서 군함도 이야기를 하지 않을 수 없다.

　최근 극장가에서 '군함도'라는 영화가 개봉되어서 일제 강점기의 강제 징용 문제가 새롭게 논(論) 위에 떠올랐다. 이는 어느 누구도 부인할 수 없는 우리 민족의 가슴 아픈 역사가 분명하다. 나라 잃은 백성들이 강제로 나라를 빼앗은 일본인들에게 끌려가서 군함 모양을 하고 있는 깊은 수직 갱도에서 겪은 고초에 대해 어느 누가 아니라고 말할 수 있을 것인가?

　일본은 자신들이 과거에 저지른 추악한 범죄에 대하여 극구 아니라고 부인하고 있지만, 종군 위안부 문제와 더불어서 강제 징용은 반인륜적인 범죄임에 분명하다.

　사실 군함도 문제는 일본인들이 그것을 세계 문화유산으로 등재 신청을 하면서 불거진 일이다. 자신들이 저지른 전쟁 범죄에 대해서 일절 함구하고, 단지 오래된 수직 갱도로서만 세계 문화유산으로 등록하는 것은 파렴치한 일이다. 때문에 피해 당사자인 우리나라 국민들로서는 분노할 수밖에 없는 것이다.

　일본인들은 자신들이 저지른 전쟁 범죄를 포함해서 아무것도 숨기지 않고 그대로 세계 문화유산에 등재했어야 한다. 그랬다면 그들의 행동은 역사에 교훈을 남기는 훌륭한 일이 되었겠지만 그렇지 않아 유감이다. 하지만 일본인들의 뜻대로 군함도는 세계 문화유산에 등재되었다.

　우리나라로서는 종군 위안부 문제와 더불어 군함도에서의 과거 일본의 만행을 전 세계에 그대로 소개하고 일본의 사과를 받아내야 하지만, 지금의 일본 아베 정부는 그럴 생각이 전혀 없는 듯 보인다. 종군 위안부 문제와 함께 군함도 문제는 한동안 한일 간의 관계를 냉각시키는 정치·문화적 난제가 될 것으로 보인다.

쿠바의 커피 역사는 1804년으로 거슬러 올라간다. 아이티(Haïti)가 독립하자, 프랑스인 대농장주들이 자신들이 소유하고 있던 아프리카 노예들과 함께 쿠바의 주변 섬들로 탈출했다. 그리고 노예들의 땀과 피와 눈물 위에 커피 농장을 세웠다. 세월이 흘러 지난 2000년 '쿠바 남동부 최초 커피 재배지 고고 경관(Archaeological Landscape of the First Coffee Plantations in the South-East of Cuba)'이 세계 문화유산으로 등재되었다.

시에라 마에스트라 지역 산악 계곡의 가파른 언덕에 있는 171개의 커피 재배 농장들은 커피를 말리는 계단식 건조 마루와 아치형 송수로 등 19세기 전통 재배법을 보전하고 있어 세계 문화유산으로 지정되었다. 이곳에는 커피와 관련된 모든 자료와 함께 과거 노예들을 착취했던 지주들과 노예들의 생활을 짐작할 수 있는 자료들이 그대로 남아 있다. 세계 문화유산으로 등재한다고 과거의 역사를 미화하거나, 저질렀던 악행을 숨기려고 하지 않고 그냥 있는 그대로 보존해둔 것이다. 이런 것들이 세계 문화유산으로서의 가치가 있는 것이다. 만약 변질되거나 가공된 것이라면 그것을 과연 세계 문화유산이라고 할 수 있을까?

단언컨대, 커피는 변질되지 않을 때에 맛이 있고, 역사는 왜곡하지 않을 때에 가치가 있다.

커피는
만국 공통어다

　최근 보도된 뉴스에 따르면, 헤드셋을 착용하는 것만으로도 다른 언어를 사용하는 사람들끼리 동시통역으로 대화가 가능한 기술이 개발되었다고 한다. 이렇게 기술이 발전하다 보면 전 세계인들이 자기 고유의 언어를 사용하면서도 다른 나라 사람들과 불편 없이 대화하는 날이 곧 오게 될 것 같다.

　인류문화학자들이 인류의 기원을 찾아 거슬러 올라간 결과, 같은 어머니로부터 뿌리가 퍼져나간 것을 발견하였다. 유전자를 통해 조상을 역추적하다가 아프리카가 인류의 시작점이라는 것을 알게 된 것이다. 그들은 발견된 화석에 '이브'라는 이름을 붙여주었다고 한다.

　같은 조상으로부터 시작된 인류라면 처음부터 언어가 다르지는 않았을 것이다. 처음에는 같은 언어를 사용하다가 점점 거주지가 서로 멀어지면서 사투리가 생기고, 세월이 지나가면서 고립된 지역의 언어가 달라졌다는 것이 정설이다. 우리나라 제주도 방언만 해도 강한 바닷바람 소리 때문에 언어의 어미가 사라지는 형태가 되었다고 한다. 제주도 방언은 지리적으로 가까운 일본어와 유사한 점이 많다고 알려져 있다.

기독교의 경전인 성경 창세기에 보면 바벨탑 이야기가 나온다. 이 책에 의하면 사람들은 한 광야에다 아주 높은 탑을 쌓기 시작했다. 생각보다 당시의 건축 기술이 뛰어났는지 어마어마한 고층 탑을 쌓을 수 있었던 모양이다.

이 바벨탑의 이야기를 인용한다면 맨 처음 인류의 언어는 같았다고 볼 수 있다.

언어가 같으면 서로 일하기도 좋겠지만 범죄를 꾸미기도 쉬운 법, 인류는 하늘까지 닿는 높은 탑을 쌓아 스스로 이름을 높이고 하나님처럼 되자고 모의했다. 그 모습을 지켜보던 하나님이 그들의 행위를 괘씸하게 여기고 그들의 계획이 수포로 돌아가게 하기 위해, 언어가 서로 통하지 않게 만들었다. 대화가 갑자기 통하지 않게 된 사람들은 서로 싸우다 흩어졌고, 결국 바벨탑 공사가 중단되었다고 한다. '바벨'이라는 말은 '언어가 혼란스러워졌다'는 의미를 가지고 있다. 지금도 이라크 지역에 가보면 고대 유적인 지구라트 유적들을 찾아볼 수 있는데, 혹자는 이 유적이 바벨탑 유적일 것이라고 추측한다.

이처럼 언어는 인간이 의사소통을 위해서 대단히 중요한 도구이다.

세계 모든 나라 사람들이 언어가 같으면 얼마나 좋을까? 이런 생각으로 언어를 연구하고 만들어낸 사람이 있었다.

1887년 폴란드의 안과 의사 라자로 루드비코 자멘호프(Lazaro Ludoviko Zamenhof, 1859~1917) 박사는 각 나라의 언어를 비교하고 연구한 끝에 배우기도 쉽고 사용하기도 쉬운 인공어를 창안했다. 이 언어가 에스페란토 어이다. 배우기 쉽고, 세계 모든 사람들이 사용하기 쉬워서 소통을 자유롭게 하려는 꿈이 새로운 언어를 만든 것이다. 현재 에스페란토 어는 유엔에서 국제 통용어로 사용되고 있다. 하지만 이 언어도 약점이 있다. 당연한 사실이지만 '배워야 사용할 수 있다'는 것이다.

언어의 가장 큰 기능은 의사소통에 있다. 때문에 아무리 외국어를 배웠어도 그 나라 사람과 의사소통이 되지 않는다면 언어로서 가치가 없다. 외국에 나가 다른 언어권의 사람들을 만났을 때 잘 모르는 언어로 더듬대는 것보다 차라리 몸짓과 미소로 대화가 더 잘 통하는 경우를 봐도 그렇다.

사람들이 사용하는 의사소통의 도구 중에는 손짓, 발짓과 같은 비언어적 의사 도구가 있다. 사실 의사소통에서 언어의 비중은 70%, 비언어적 의사소통은 30%를 차지한다고 한다. 따라서 상대방의 언어는 몰라도 미소만으로도 마음이 통하는 경우가 많다.

비언어적 의사소통의 도구는 음식도 해당된다. 그중에서도 커피는 가장 유용한 도구가 될 수 있다. 예를 들어 히말라야의 베이스캠프에서도, 아프리카 오지의 마을에서도 따뜻한 커피 한잔이 백 마디 말보다 강력한 힘을 발휘할 수 있는 것이다.

그렇다면 커피가 어떻게 의사소통의 도구가 될 수 있을까?

세계 원자재 물동량이 원유 다음으로 많은 것이 커피다. 세계에서 가장 많이 마시는 음료이기에 소통의 도구가 될 수 있는 것이다. 만약에 차가 세계인이 가장 많이 마시는 음료였다면 차가 커피를 대신해서 소통의 대표적인 도구가 되었을 것이다. 하지만 필자가 판단하기에 차는 아직 세계화를 이루지 못한 것으로 보인다.

커피가 소통의 도구인 가장 큰 이유는 향기에 있다. 차는 은은한 향기를 뿜어낸다. 그래서 조용한 곳에서 고요하게 마셔야 제맛이다. 따르는 사람이나 마시는 사람 주변으로 향기가 감도는 것이 참 좋다. 하지만 그뿐, 공기를 진동시키는 강렬한 향기는 매우 부족하다.

하지만 커피의 향은 매우 강력하다. 커피를 볶거나 커피를 추출할 때면 커피의 그윽한 향기가 온 집 안을 꽉 채워준다. 비단 커피를 마시지 않아도 그 향기에 취해 같은 공간에 있는 모두를 행복하게 만들어준다.

커피가 소통의 도구인 또 다른 이유는 네트워크에 있다. 차는 고요하고 내밀한 기쁨을 준다. 따라서 일대일로 조용히 전파된다. 하지만 커피는 대단히 공개적이고 공격적으로 전파된다. 커피를 가지고 나가지 못하게 막으면 사람들은 그것을 훔쳐서라도 가지고 나가 커피 향을 전파했다. 인도의 순례자 바바부단이 인도의 마이소르 지역에 커피 씨앗을 옮겨 심을 때 그랬다. 이 점에서 바바부단은 우리나라에 목화씨를 전파한 문익점과 같은 산업 스파이였던 셈이다. 그만큼 역사 속에서 커피의 힘이 강력하게 느껴진다.

세계인들은 이미 구축된 커피 네트워크를 통해 커피를 즐긴다. 스타벅스와 같은 다국적 기업은 세계 어느 나라에도 안 들어간 곳이 없을 정도로 광범위하게 퍼져 있다. 그리고 그 지역의 소비자들과 소통한다. 수많은 커피 농장과 노동자들, 커피 머신 회사와 로스팅 머신 회사들도 이미 커피를 이용해서 세계 여러 나라의 소비자들과 밀접하게 소통하고 있는 중이다.

4차 산업 혁명이 시작되었다고 한다. 1, 2, 3차 산업 혁명에서 커피 산업이 점점 더 크게 성장했던 것처럼, 4차 산업 혁명 시대에도 커피는 여전히 소통의 도구로 더 크게 성장하게 될 것이다.

제 5 장

커피와
생활

커피 한 잔의 사치

과거에는 아메리카노 한잔 마시는 것이 대단한 사치로 여겨졌던 때가 있었다. 그만큼 커피값이 비쌌다. 하지만 오늘날 대한민국에서 한 잔에 1,500원짜리 커피숍은 쉽게 찾아볼 수 있고 가끔씩 이동 인구가 많은 곳에는 천 원짜리 아메리카노도 보인다. 한술 더 떠서 대학가에서는 500원짜리 커피도 등장했다고 하니 이제는 더 이상 가격이 내려갈 수도 없을 정도로 커피값이 저렴해졌다.

아무리 박리다매라고 해도 이건 아니지 싶다. 가격이 낮아지면 제품의 품질은 낮아질 수밖에 없다. 비싼 것은 비싼 값어치를 한다. 터무니없이 가격을 높게 책정하면 소비자의 외면을 받게 된다. 하지만 좋은 커피를 공급하려면 좋은 원재료를 사용해야 하고, 자연스럽게 가격은 올라간다.

분위기가 좋은 곳은 인테리어 비용이 가격에 포함된다. 장소가 좋은 곳은 비싼 임대료가 포함될 수밖에 없다. 그리고 맛있고 향기로운 커피를 제공하기 위해서는 고가의 원두를 사용해야 한다. 그곳이 프랜차이즈 가맹점이라면 당연히 본사에 내는 비용이 추가된다.

그러니 가격이 싼 커피를 마시면서 서비스의 질을 따지는 것은 도리가 아니다. 커피와 건강의 함수 관계를 이야기해도 안 된다. 터무니없이 싼 커피는 카페인의 함량이 높고 쓰디쓴 커피다.

장기하의 노래 '싸구려 커피'의 가사가 떠오른다.

"싸구려 커피를 마신다. 미지근해 적잖이 속이 쓰려온다."

혹시라도 봉사하는 마음으로 자선 사업을 한다면 모를까, 영업 이익을 내야 하는 구조에서 그 가격에 좋은 커피 원두를 사용한다는 것은 거의 불가능한 이야기이다.

그래서 말이지만 평소 한 푼이라도 아끼려고 점심 식사 후에 싼 커피를 마셨다면, 가끔씩은 자기 자신에게 좋은 커피 한잔을 선물해주는 것이 어떤가? 이 세상에서 가장 소중한 존재가 바로 자신이 아니던가? 갓 볶아낸 최고급의 신선한 원두를 추출한 핸드드립 커피도 좋고, 분위기 좋은 카페에서 마시는 라떼나 카푸치노도 좋다. 가능하다면 스페셜티 커피를 취급하는 카페를 알아두고 일부러 찾아가서 커피의 향미를 즐기는 것도 좋을 것이다.

커피 한잔의 사치를 위해서는 명품 옷이나 가방을 구입하는 것처럼 큰돈이 들어가지 않는다. 하지만 가끔씩 마시는 향기로운 최고급 커피는 정말 행복한 기분을 가져다준다. 어쩌면 '행복을 가져다주는 파랑새'는 내가 마시는 커피 한잔에 숨어 있는지 모를 일이다.

산미 가득한
오리지널 커피를
찾아서

커피를 마시면서 문득 자신이 제대로 된 커피를 마시고 있는지 생각해 본 적이 있는가? 습관적으로 마시고 중독자처럼 마시기는 해도 커피의 본연의 향미를 단지 쓴맛으로만 생각하고 있다면 오리지널 커피의 향을 한번 찾아보는 것을 권한다.

커피의 향미는 딱 꼬집어 "이거다!"라고 말할 수는 없다. 대략 칠백에서 천여 가지의 아로마가 있다고 하니, 좋은 향이든 안 좋은 향이든 이 세상에 존재하는 대부분의 향미가 커피에 존재한다고 할 수 있다.

그래도 커피의 대표적인 향미를 표현하자면 다섯 가지로 분류하는데 단맛과 신맛, 쓴맛과 짠맛, 그리고 감칠맛이다.

특히 오리지널 아라비카 커피에 가까운 경우 과일의 산미가 강하게 드러난다. 아라비카 커피의 고향인 에티오피아의 생두에서는 기분 좋은 과일의 산미가 일품이다. 코체르, 시다모, 훈쿠테, 구지, 모모라 등의 커피를 생두의 특징을 살리며 잘 볶아내었다면 꽃향기와 열대 과일의 향, 허니 향과 함께 입안에 침이 고이도록 만들어주는 과일의 산미가 느껴질 것이다.

커피는 콩이라고 부르기도 하지만 원래 과일 열매의 씨앗이다. 커피 열매의 과육을 벗겨내는 가공 과정을 통해서 씨앗만을 분류해내는 것이다. 이런 점을 감안한다면 쓴맛보다는 과일의 산미를 느껴보는 것이 오리지널 커피를 즐기는 올바른 방법일 것이다.

오리지널 커피의 향을 찾는 것을 무엇에 비교할 수 있을까? 아마도 깊이 숨겨진 보물을 찾는 탐험과 같을 것이다. 오래전 영화지만 문득 '레이더스(스티븐 스필버그 감독, 해리슨 포드 주연, 1981년 作)'가 생각났다.

무더운 여름, 답답한 일상을 떠나 멀리 가지 못해도, 입안 가득 침이 고이게 만드는 신선하고 산미가 가득한 오리지널 커피를 찾아 카페를 순례해도 좋지 않을까?

건강과 환경을
생각한다면
일회용 컵은
피하세요

그릇의 발전과 커피

음식은 그릇의 발전을 가져왔다. 단순히 곡식을 담아둘 것이 필요했던 고대인들은 흙을 빚어서 간단하게 구운 그릇을 사용했다. 여기에 간단한 디자인을 더한 것이 빗살무늬 토기이고, 여기에 편리함을 더해 흙에 꽂아 쓸 수 있도록 밑바닥을 뾰족하게 만들었다. 그릇의 모양은 사용자에 의해 필요에 따라 변형되었는데, 고기 국물을 끓이거나 여러 번 반복해서 사용하기 위해서 그릇을 강한 불에 구워 견고하게 만드는 도자기가 출현했다.

도자기 전쟁

우리나라에는 세계에서 가장 도자기를 잘 만드는 기술력이 있었다. 오늘날의 반도체 기술과 같이 당시의 첨단 기술은 단연 도자기를 만드는 기술이었다. 고려의 청자와 조선의 백자는 일본이 부러워했던 세계적인 문화유산으로, 일본이 임진왜란 당시에 조선의 도자기 기술자들을 강제로 끌고 간 이유도 사실 그릇을 만드는 기술을 훔치기 위함이었다. 따라서 학계에서는 임진왜란을 도자기 전쟁이라고 부르기도 한다. 조선의 수많은 도공들이 전란에 일본으로 강제로 끌려가서 살게 되었는데, 이때부터 일본의 도자기 기술이 비약적으로 발전하게 되었고 유럽의 각종 대회에서 조선의 도자기공들이 제작한 도자기가 각종 상을 휩쓸었다고 한다. 이것이 미개한 섬나라 일본이 세계에 문화 민족으로 탈바꿈하여 소개된 계기였고, 근대화를 앞당기는 시발점이었다고 한다.

동양의 도자기에 반한 유럽

게오르그 콜시츠키(Georg Kolschitzky)가 오스트리아 빈에서 유럽 최초의 카페를 오픈했을 때 그들이 사용했던 커피 잔은 아마도 터키식 커피 잔이었을 것이다. 하지만 머지않아 유럽인들은 동양의 도자기 잔에 커피를 담아 마시는 것을 최고의 멋으로 생각하게 되었다. 오스트리아 빈의 합스부르크 왕가 박물관에 가보면 당시에 커피를 즐기는 데 사용했던 동양의 도자기 잔들이 전시되어 있다. 대한 제국의 고종 황제께서 커피를 즐겨 마셨다는 것은 익히 알려진 사실이다. 경복궁에 지은 서양식 건물인 정관헌(靜觀軒)에서 황제가 커피를 마실 때 사용했던 잔도 우아한 조선백자가 아니었을까?

제각기 어울리는 그릇

음료에는 저마다 어울리는 그릇이 있다. 막걸리는 표주박이나 바가지에 마시는 것이 멋스럽다. 만약 막걸리를 서양식 그릇에 담아서 먹는다면 막걸리 고유의 맛을 느끼지 못할 것이다. 와인은 와인 잔에, 차는 찻잔에 담아서 마시는 이유가 여기에 있다. 마찬가지로 커피는 커피 잔에 마셔야 한다. 잘못된 그릇의 선택은 커피의 맛과 향을 느끼지 못하도록 방해하기 때문에, 잔을 잘 선택하는 것은 향미와 맛을 제대로 느끼기 위해서 정말 중요한 일이다.

하지만 아쉽게도 오늘날 대한민국의 커피 시장에서 가장 가볍게 취급되는 것이 바로 그릇이다. 자판기에서 종이컵에 담겨져 나오기도 하고, 일회용 컵에 담겨져 소비되기도 한다. 커피나 음료를 담기 위해서 베트남이나 동남아시아에서는 비닐 백을 사용하는 경우도 있다고 한다. 우리나라의 대부분의 카페에서는 종이나 비닐 소재로 만든 페트 컵을 사용한다. 머그잔도 있지만 카페에서는 일회용 컵을 선호하는 편이다. 손님들의 편의도 위함이지만 설거지를 하는 수고를 덜 수 있기 때문이다.

환경을 보호하기 위해서 일회용 컵 사용을 자제하자

뜨거운 음료는 종이컵, 차가운 음료는 플라스틱 컵, 이것들은 일회용 컵으로 가격도 만만치 않다. 커피 한 잔 가격을 환산할 때에 일회용 컵이 차지하는 비용은 생각보다 크다. 비용도 비용이지만 일회용 컵은 심각한 환경 문제를 일으킨다.

커피 한 잔을 종이컵에 담아서 마실 때 그 컵을 만들기 위해 잘라져 나간 나무를 생각해야 한다. 아이스 음료를 플라스틱 컵에 담아 마실 때 그 컵이 앞으로 언제쯤 분해될 수 있는지도 한번쯤 생각해본다면 과연 그 컵을 사용할 수 있을까?

최근 서초구청에서 발표한 조사 결과에 의하면 강남대로에 버려진 쓰레기의 93%가 일회용 종이컵이나 플라스틱 컵이었다고 한다. 이는 대부분 주변의 프랜차이즈 커피숍에서 사용된 테이크아웃 커피 잔이었다. 이제는 커피 한 잔을 마셔도 환경을 생각해야 하는 시대가 되었다.

건강을 위해서도 일회용 컵은 가급적 사용하지 않는 편이 좋다

일회용 컵을 사용하는 것은 이대로 괜찮은가? 커피의 맛에도 건강에도 부정적인 영향을 미치기 때문에 피해야 한다. 뜨거운 아메리카노 한 잔이 테이크아웃 종이컵에 담길 때 그 열수의 온도는 대략 90도에서 95도 정도가 된다. 문제는 이때 발생된다. 대부분의 종이컵은 물이 새지 않도록 비닐로 코팅이 되어 있고, 종이를 접착하기 위해 접착제도 사용되는데, 뜨거운 물이 부어지는 순간 비닐 성분과 접착제가 열기에 녹아 나오며 비닐이 타는 화학적인 냄새와 함께 환경 호르몬이 나오는 것이다. 아무리 좋은 재료를 사용해도 이런 컵에 담긴 음료는 건강에 좋을 리가 없다. 가능하다면 머그컵이나 텀블러를 사용하자.

커피의 맛과 향미를 생각한다면 머그잔이나 도자기 잔에 마시는 습관을 갖자. 매장에서 음료를 마실 때는 반드시 비치된 머그컵에 마시도록 하고, 테이크아웃을 해야만 한다면 본인의 텀블러를 가져와서 사용하도록 하자. 이것이 커피의 맛과 환경, 그리고 본인의 건강도 지키는 좋은 습관이라고 할 수 있다.

해외여행과
시차 적응,
그리고 카페인

해마다 7, 8월이 되면 해외여행을 떠나려는 수요가 폭주한다. 지난해의 경우 우리나라 국민 중 7월에 해외로 여름휴가를 떠난 사람이 2,806,068명이었고, 이는 전년 동월 대비 24.5%가 증가한 것이었다. 금년에도 여름휴가를 해외여행으로 계획하고 있다면 보다 편안한 여행을 위해 비행 중 카페인 관리에 신경 쓸 것을 권한다.

커피를 비롯한 각종 차와 콜라 같은 음료에는 카페인이 포함되어 있다. 일부러 카페인을 먹으려고 하는 사람들보다는 자신도 모르는 사이에 카페인이 몸에 쌓이는 경우가 대부분일 것이다.

국제보건기구의 하루 권장량은 커피 세 잔(400mg) 정도이다. 하지만 이것저것 마시고 먹다 보면 권장량을 훌쩍 넘어서는 경우가 많다. 특히 해외여행을 하게 될 경우 비행기에서 주는 대로 먹고 마시다 보면, 카페인 과다 증세로 온몸이 부대끼고 피로가 쌓이는 경우도 많다. 특히 좁은 비행기에서는 활동량도 매우 부족하고, 높은 고도에서 신체가 느끼는 피로도는 지상의 그것과 비교할 때 훨씬 높다.

더욱이 해외여행은 필수적으로 시차 적응이라는 과제를 떠안고 시작한다. 유럽 여행의 경우 12시간 정도 비행기를 타고 가서 약 8시간의 시차를 적응해야 한다. 한마디로 낮과 밤이 바뀐 상태에서 피곤한 일정을 버텨내야 한다는 말이다. 하지만 시차 적응은 생각보다 쉽지 않다.

오랜 비행의 피로와 시차 부적응으로 여행은 처음부터 삐거덕거린다. 몸이 아프기도 하고 잠을 이기지 못해서 버스나 호텔에 남아 있기도 한다. 초반부터 비몽사몽한 가운데 여행지의 풍경을 즐기지도 못하다가, 시차에 겨우 적응할 무렵에 다시 귀국길에 오른다. 그리고 여행을 마치고 귀국한 후에는 여독과 시차 부적응으로 다시 한 번 어려움을 겪게 되는 것이다.

여행을 영어로 트래블(Travel)이라고 하는데 이 말은 곤란하고 어렵다는 뜻의 트러블(Trouble)과 발음상 거의 같다. 여행은 곤란하고 어려운 것이라는 것을 인류는 아주 오래전부터 체득하고 있었던 것이다. 우리말에도 집을 떠나면 개고생이라고 하지 않던가?

즐거워야 하는 여행을 망치는 시차 부적응의 원인으로 카페인을 꼽는 것은 결코 지나친 억측이 아니다. 카페인은 우리 몸이 잠을 자야 하는 시간에 깨어 있게 하고 긴장하게 하기 때문이다. 그래서 카페인을 비행 중에 섭취하면 우리 몸이 잠시도 쉴 수 없게 방해한다.

시차 부적응과 지나친 피로, 이것이 카페인 과다로 일어나는 현상이라는 것을 알고, 이를 지혜롭게 활용한다면 해외여행 시 비행으로 인한 스트레스를 보다 줄일 수 있게 될 것이다.

그렇다면 해외여행 시 비행기에서 카페인을 어느 정도 섭취해야 할까?

높은 고도에서 술을 마시면 같은 양을 마셔도 지상에서보다 훨씬 더 취하게 된다는 것은 상식 중의 상식이다. 높은 고도에서는 기압의 차이로 인체가 견디는 힘이 보다 약해지기 때문이다. 술과 마찬가지로 카페인도 지상에서보다 적게 섭취해야 한다. 같은 이유로 높은 고도에서 인체가 느끼는 카페인의 힘이 더 강해지기 때문이다.

유럽 여행의 경우 비행 중에 세 번의 식사가 제공된다. 이때마다 후식으로 커피나 콜라를 주문해서 마시게 되면 카페인 과다 증상이 나타날 수 있다. 그렇기에 커피를 마시고 싶어도 비행 중에는 참았다가 현지에 가서 마실 것을 권한다.

편안한 여행과 시차 적응의 성공을 위해서 다음과 같은 주의 사항을 실천하면 도움이 된다.

첫째, 출발하는 비행기에서 현지 시각으로 시곗바늘을 맞추고, 가급적 그곳 시간으로 오후 6시 이후에는 커피와 차, 콜라 등의 카페인 함유 음식을 섭취하지 말아야 한다.

둘째, 현지 시각으로 오전에 나오는 아침 식사 때는 일부러라도 커피나 차를 마셔서 카페인을 섭취하여 신체 기능을 활성화한다.

아무리 커피를 좋아하는 애호가라고 해도 시차 적응이 필요한 해외여행 중에는 가급적 비행기 내에서 커피는 안 마시는 것이 편안한 비행을 위해서도, 행복한 여행을 위해서도 선택해야 하는 일이라고 하겠다.

모두 커피와 함께 행복한 여행 되시길. 본 보야지(Bon voyage)!

역사의 아이러니 Irony
베트남 커피

    베트남 다낭(Đà Nẵng)과 호이안(Hội An)은 최근에 한국인들에게 사랑받고 있는 핫한 여행지 중에 하나다. 베트남식 쌀국수와 볶음밥이 입맛을 돋우고 달달한 연유 커피가 오감을 자극하는 나라, 베트남 커피를 살펴보자.

    베트남은 우리나라 군대가 참전해 전투를 벌였던 나라로 이런 이유로 근세사(近世史)에 한국과 떼려야 뗄 수 없는 역사를 가지고 있는 나라다. 국군의 참전과 그로 인한 전쟁의 아픔도 상처도 갖고 있지만, 그렇다고 특별히 대한민국에 대해 적대적이지도 않은 베트남이라는 나라를 바라보면서 과거의 상처보다 현재의 이익을 중시하는 민족성에 대해 새삼 놀라움을 금치 못하게 된다.

    베트남은 우리나라와 수교를 맺은 후 각종 교류가 활발히 이루어지고 있다. 특히 결혼을 통해서 수많은 베트남 여성들이 국내로 이주해 살고 있다. 인도차이나반도에서 태어나고 자란 처녀들이 대한민국의 가정에 시집오는 것을 통해서 베트남과 우리나라가 심리적으로 한층 가까워졌다. 양국 간 교역 규모도 해마다 커져서 2016년 기준 양국 간 교역액은 451억 달러에 이르고, 2014년부터 대한민국은 베트남의 3대 교역국이자 제1의 투자국으로 부상했다.

최근에는 베트남의 커피가 우리나라 커피 애호가들의 입맛을 자극하고 있다. 베트남은 자국의 대표적인 인스턴트커피를 공격적으로 마케팅하고 있으며 여기에 길들여진 커피 마니아들이 증가하는 추세다.

베트남은 100여 년의 커피 역사를 자랑한다. 그런데 최근에 들어 커피 생산이나 수출에 있어서 급성장을 보여주고 있다. 베트남은 2016년 기준 세계 제2의 커피 생산국이며(2750만 포대, 전체 커피 생산의 생산량의 19.8%), 로부스타(Robusta) 커피의 최대 수출국이다. 이 나라는 커피 산업이 국가 경제의 상당 부분을 차지하는 커피 대국으로 성장했다. 그래서인지 이 나라 어딜 가도 커피에 관한 자부심이 넘친다.

베트남의 커피 역사는 그들의 가슴 아픈 식민 역사와 뿌리를 같이한다.

1771년 베트남 최초의 농민 반란 이후에 1778년 베트남 남부의 '응웬' 가문과 북부의 제후 '쩐(鄭)'이 무너져 내렸다. 1792년 응웬 가문의 마지막 생존자 '응웬 안'이 프랑스의 서구식 군대의 힘으로 정적들을 완전히 제거하고 베트남의 마지막 왕조를 열고 스스로 황제가 되었다. 그러나 그는 정작 왕권이 수립되자 자기에게 크게 도움을 준 프랑스 등 외국 세력을 배려하지 않았으며, 다만 선교 활동만 허락해 주었다. 그는 서구의 문호를 받아들이는 일에는 보수적인 입장을 견지했다.

그의 뒤를 이어서 왕이 된 '민 망' 황제는 더욱 노골적으로 폐쇄적인 정책을 폈는데 이는 선교사들의 추방령으로 이어졌다. 하지만 선교사들은 출국하지 않고 농촌으로 스며들어 불만을 가진 농민들의 난을 일으키는 원인을 제공했다. 이 사실을 알게 된 민 망은 크게 노하여 1833년 10월 17일에 프랑스 선교사 '르 베랭 프랑수아 가를랭'을 처형했으며, 이어 개종한 베트남 신자들과 7명의 유럽 선교사들을 처형했다.

프랑스 군대가 이 일을 빌미로 1868년 다낭에 상륙하고 여러 요충지를 점령해 나가다가 1862년에는 사이공을, 1873년에는 남부 전 지역을 점령하여 식민지로 삼게 되었다. 베트남은 19세기 말부터 2차 세계 대전 종전까지 약 60년 동안 프랑스의 식민 지배를 받았다.

이 식민 통치 기간에 프랑스인 신부가 베트남의 토양에 커피나무를 옮겨 심은 것인데, 커피 농사에 적합한 베트남의 '테루아' 덕분에 베트남의 커피 농업이 자리 잡게 된 것이다. 그리고 지금은 세계 1위의 로부스타 커피 생산 및 수출국으로 성장하게 되었다. 아이러니하게도 식민지 시절 심어진 커피나무가 이제는 국가 경제의 중요한 기반 산업이 된 것이다.

베트남 커피는 생산 규모에 있어서 이미 세계 제일의 커피 대국이지만 아쉽게도 소비자들을 상대로 한 커피 산업은 경영 마인드와 기술, 세련미가 부족한 초기 단계에 머물러 있다.

필자가 베트남의 고도인 호이안에 갔을 때, 커피의 나라답게 그 작은 고성(古城)에 커피 전문점이 여러 곳 자리 잡고 있었다. 카페의 간판 중에는 팜 카페(Farm Cafe)와 로스팅 카페(Roasting Cafe)라는 글씨가 유독 많았는데, 그에 비해 커피 로스팅 기계는 찾아보기 힘들었고, 맛을 본 결과도 그리 좋진 않았다. 안타까운 일이지만 세계의 유명하다는 커피 산지 어딜 가 봐도 실력

있고 맛있는 카페를 찾기가 쉽지 않다. 베트남도 다르지 않았다.

베트남 커피 상품 중에 족제비 똥 커피인 위즐(weasel) 커피는 나름 유명하다. 베트남을 다녀오는 관광객들마다 사 오는 커피가 이 커피이다. 관광지답게 커피 원두 판매점마다 위즐 커피를 대표 상품으로 진열해 놓고 있었다. 하지만 커다란 항아리에 담긴 그 커피들은 진짜 '위즐 커피'이기는 한 것인지, 언제 로스팅(Roasting)했는지 알 수 없었다. 커피 봉투에 쓰인 유통 기간이 있긴 하지만, 그것은 커피를 볶은 날이 아니라, 봉투에 원두를 담은 날을 기준으로 하는 듯 보였다.

호이안(Hội An)의 커피 프랜차이즈 카페에 들어갔더니 점원이 두 개 사면 하나 더 끼워준다고 권했다. 구입한 원두는 매우 가격이 비쌌다. 350g 한 봉지에 원화로 7천 원쯤 했는데, 그 봉투 전면에는 크고 자랑스럽게 이렇게 인쇄되어 있었다. '100% 로부스타 커피(Robusta Coffee)' 이 카페 직원들은 로부스타 커피를 대단히 자랑스럽게 여기는 듯했다.0

베트남인들은 커피를 쓰고 탄맛 나게 볶는다. 쓴맛이 특징인 로부스타를 더욱 쓴맛 나게 볶는 것이다. 이 커피를 아메리카노처럼 마시면 써서 마시기 어렵다. 그래서 베트남인들은 커피에 연유를 넣고 마신다. '카페 쓰어 다(Caphe Sua Da)'는 연유를 넣은 아이스 밀크 커피이다. 사계절이 더운 베트남에서 상하기 쉬운 우유 대신에 연유를 사용하기 시작했다고 한다.

추측건대 프렌치 프레스로 추출한 커피 용액에 우유를 넣어 마시는 프랑스식 커피 '카페오레'가 발전해서 '카페 쓰어 다'가 된 것은 아닐까? 이 연유 커피는 저어서 먹다 보면 연유 특유의 달달함 때문에 제법 맛이 있다. 하지만 계속 마시다 보면 어쩔 수 없이 치고 올라오는 로부스타의 강한 쓴맛이 오감을 찌르듯 자극한다. 마치 이것은 커피를 마시는 베트남인들에게 경제적인 성장의 달달함에 취해 역사를 잊지 말고 깨어 있으라고 말하는 것 같다. 베트남 민족은, 과거 수없는 외침을 받았으면서도 그 누구도 그들의 정신을 지배하지는 못한 강한 민족이다. 그 까닭은 과거의 원한에 매어 있지 않고 현재의 실리를 추구하지만 결코 과거를 잊지 않는 민족성에서 기인하는 것이 아닐까 생각해 본다. 베트남 커피 '카페 쓰어 다'에서 베트남의 과거와 현재와 미래를 본다.

커피 일기

　　대한민국은 커피 공화국이다. 사람들은 하루 종일 커피를 마시고 커피 향에 젖어 살고 있다. 통계에 따르면 2016년 한 해 한국인의 커피 섭취량은 일인당 평균 341잔이라고 한다. 이는 하루에 한 잔 조금 못 미치는 양인데 커피를 마시지 않는 사람들, 예컨대 아동과 고령 인구를 감안할 때에 많은 사람들이 하루에 커피를 한 잔 이상 마시고 있음을 알 수 있다.

　　이 글을 읽고 있는 독자들은 지난 한 해 얼마나 커피를 마셨는가? 자기가 한 해 동안 마신 커피의 양을 가늠해보자. 많은 양의 커피를 마셨지만 기록하고 마시지 않았기 때문에 대부분 기억조차 못 할 수 있다.

　　그래서 기록이 필요하다.

　　어떤 이들은 커피를 마시며 기록하는 일이 그다지 중요하지 않은 일이라고 생각할 수 있다. 하지만 내가 마시는 수많은 커피의 향기와 맛과 느낌을 기록해놓는 것은 좋은 습관이 될 수 있다. 요즘은 커피 한 잔을 마시더라도 나라와 지역을 따지며 마시는 사람들이 많아지는 추세이다.

　　커피를 마실 때 자기가 어디에 있는 무슨 카페에 가서 어떤 커피를 마셨는지, 누구와 함께 마셨는지, 그 맛과 향은 어땠는지, 가격은 얼마였는지를 일기로 기록을 남겨놓는다면 커피를 단지 즐기는 것이 아니라 대단히 중요한 자료를 남겨놓는 일이 될 수 있기 때문이다.

일본의 유명한 소설가로 〈빙점〉을 쓴 미우라 아야코는 3년간 일기를 쓴 사람은 장래에 무엇이든 이룰 사람이며, 10년간 일기를 계속 쓴 사람은 이미 무언가를 이룬 사람이라고 말했다.

마라톤 영웅 황영조는 1988년 강릉 명륜고 1학년 때부터 1996년 은퇴할 때까지 하루도 거르지 않고 일기를 썼다고 한다. 날씨, 갔던 길, 먹은 것들을 간혹 그림을 곁들어가며 적었다고 한다.

오늘부터 커피를 마실 때에 일기를 쓰는 습관을 가져보자. 커피의 향미와 분위기, 그날의 느낌뿐만 아니라 가능하면 인테리어와 메뉴에 대한 느낌도 꼼꼼히 기록해놓으면 후일 기억을 더듬는 데에 좋을 것이다.

제 6 장

커피와
바리스타

명품 커피를 찾는 커피 셀렉터들 selectors

영화 같은 커피 전래 이야기

커피는 전 세계인들이 사랑하는 음료가 되었다. 관세청 수입 통계와 커피 업계에 따르면 2007년 3조 원 대였던 국내 커피 시장은 지난해 11조 7397억 원으로 약 3~4배 성장했다. 국민 1인당 연간 500잔 이상의 커피를 소비한 셈이다. 덩달아 2007년 9000억 원 대였던 국내 원두커피 시장 규모는 지난해 7조 8528억 원으로 10년 동안 7배 이상 성장한 것으로 집계됐다.

그런데 지금은 세계인이 편하게 마시는 커피가, 과거에는 특정한 나라와 문화를 벗어나지 못했던 적이 있었다. 커피를 전 세계에 전했던 사람들의 이야기는 마치 재미있는 스파이 영화를 보는 듯 스릴이 넘친다.

훔친 커피

6세기 에티오피아에서 커피의 효능을 발견한 이후에도 커피는 쉽게 전 세계로 전파되지 못했다. 530년 에티오피아가 예멘을 식민화하여 그곳에 커피 농장을 경영한 이후에도 커피는 아라비아반도를 넘어서지 못했다. 13세기에 들어서면서 과육을 벗겨 내고 말린 씨앗을 볶아 먹게 되었는데, 특히 커피를 전매 사업화하여 독점 재배 생산 및 판매하려는 아랍인들에 의해서 생두 상태로는 반출이 금지되었고 삶거나 씨앗을 죽인 상태로만 수출이 허용되었다. 하지만 1600년경 인도의 순례자 바바부단에 의해서 몰래 커피 종자의 반출에 성공했고, 최초로 아랍 세계 밖에서 커피가 재배되기 시작했다. 네덜란드의 유대인들이 이 소식을 듣고는 스파이를 보내서 인도에서 커피 종자를 훔쳐 오는 것에 성공하게 된다. 이후 네덜란드의 왕궁 식물원에서 커피나무가 경작되고, 네덜란드의 동인도 회사에 의해 1969년 인도네시아의 자바섬에 커피가 옮겨져 심어졌다.

전리품 커피

1683년 게오르그 콜시츠키(Georg Kolschitzky)는 오스만 제국이 오스트리아 빈 전투에서 패배한 후에 남기고 간 커피를 양도받아 빈에 카페를 열었다. 처음에 빈의 사람들은 오스만군이 두고 간 커피가 무엇인지 알지 못했다. 오직 콜시츠키만이 그 용도를 알고 사용했던 것이다. 오스트리아 빈에 전파된 커피는 전리품으로 주운 커피였다. 크게 성공할 것이라고 생각했던 콜시츠키의 생각과는 달리 빈에서 그가 연 블루보틀 카페는 그다지 성공적이지 못했다. 유럽인들이 마시기에는 커피가 너무 쓰게 느껴졌던 탓이었다. 이후 꿀이나 우유를 첨가하여 마시게 되면서 서서히 커피는 유럽인들이 사랑하는 음료가 되었다.

연모(戀慕)의 표시로 받은 커피

브라질은 대표적인 커피 생산국이고 수출국이다. 하지만 본래부터 커피가 그곳에서 자라난 것은 아니다. 브라질에서 커피의 역사는 1723년부터 시작된다. 남아메리카에 있는 모든 커피는 테클리외 대위가 프랑스에서 마르티니크로 가져온 커피나무로부터 시작되었다. 당시에 네덜란드는 아메리카 가이아나의 수리남에서 커피를 재배하고 있었는데, 그들은 커피 종자를 이웃 나라에 판매하는 것을 금지했다. 이를 어길 경우 사형에 처할 수도 있었다. 브라질 사람인 '팔헤타'는 매혹적인 음악으로 프랑스 총독의 부인을 매수하는 데에 성공했다. 축제 중에 총독의 부인은 팔헤타에게 향기로운 꽃다발을 선물했는데, 그 속에 잘 익은 커피 열매 한 주먹이 들어 있었다. 그는 재빨리 배를 타고 아마존강 어귀로 갔고, 커피는 브라질 전역으로 퍼져나가게 되었다. 하지만 이후에도 커피 산업이 빨리 성장한 것은 아니었다. 브라질의 커피 산업은 미국의 커피 수요가 폭발적으로 증가하면서 성장하게 되었다.

커머셜 커피 시장의 한계

20세기 들어오면서 커피가 대중화되고 물동량이 많아진 데에는 대규모 커피 시장의 공이 크다고 할 수 있다. 국제 커피 기구(ICO)가 2017년 12월 발표한 자료에 따르면 전 세계에서 커피 생두가 880만 자루(60kg) 수출되었다.

뉴욕의 선물 시장은 아라비카(Arabica) 커피 생두를 취급하고, 런던의 선물 시장은 로부스타(Robusta) 커피를 선물 거래 한다. 사실상 세계 커피 물가는 이 커다란 두 개의 선물 시장이 결정한다고 할 수 있다.

하지만 커머셜 시장을 통해 대량으로 거래되는 커피 생두에서 커피의 품질을 논하기는 어려운 것이 문제다. 원유나 쌀을 구입하듯 질보다는 양으로 거래가 이루어지기 때문에, 지역 기후와 토질, 품종과 농장 등 테루아에 대한 이해 없이 무작위로 섞여서 수집되는 커피 생두에서 맛과 품질을 기대하는 것은 애초에 불가능한 일일 것이다.

스페셜티 커피를 찾는 사람들

스페셜티 커피란 스페셜티 커피 협회(Specialty Coffee Association)에서 정한 기준에 따라 커피를 평가하여 100점 만점에 80점 이상의 점수를 받은 커피를 의미한다. 스페셜티 커피가 되기 위해서는 이상적인 기후에서 재배되어 맛과 향이 뛰어나며, 결점이 느껴지지 않는 좋은 커피여야 한다.

스페셜티 커피를 찾아 상업적인 커피 시장의 한계를 뛰어넘는 사람들이 있다. 그들이 바로 커피 셀렉터(selector)들이다. 1982년에 개봉된 해리슨 포드 주연의 〈레이더스〉라는 영화가 있다. 당시 이 영화를 접했을 때에 흥미진진하게 영화에 몰입했던 기억이 생생하다. 주인공인 인디아나 존스 박사가 감춰진 보물을 찾기 위해 고대 문명의 흔적들을 탐험한다는 스토리의 영화다.

무엇인가 값비싸고 소중한 것들이 사람의 손이 닿지 않는 밀림이나 정글 속에 숨겨져 있다는 이야기는 인류 역사 속에서 오랫동안 전해져 내려오고 있다. 예를 들면 솔로몬의 잃어버린 보물들이 어딘가에 숨겨져 있는데, 그것을 찾기만 하면 커다란 부귀영화를 손에 쥘 수 있다는 것이다. 진시황제가 사람들을 파견해서 불로장생의 명약을 찾기 위해 애썼다는 것도 익히 알려진 이야기다.

드러나지 않고 숨겨진 것들 중에서 뜻밖의 보물 같은 것들이 있을 수 있다는 것이 탐험가들의 동기라면, 커피 셀렉터들의 동기도 역시 같다고 할 수 있을 것이다. 이들은 잘 알려진 농장이나 지역이 아닌 알려지지 않은 커피 산지를 찾아서 보다 좋은 커피 생두를 찾아 나서는 사람들이다.

이들이 찾아낸 신비로운 좋은 커피는 얼마 지나지 않아서 더 많은 사람들에게 알려지고, 커피 생두 회사들이 이 지역에서 커피를 사들이기 시작하면 그때부터는 누구나 맛볼 수 있는 평범한 커피가 된다. 에티오피아 구지(Guji) 지역의 커피가 그런 과정을 거쳤다. 사실 잘 찾아보면 아직도 인디아나 존스 박사가 발견했던 보물들보다 더 보배로운 커피 생두를 찾을 수 있을지도 모른다. 이런 희망을 가지고 오늘도 커피 셀렉터들이 아프리카의 커피 산지를 찾아 나서고 있다.

경제력이 뒷받침하는 커피 시장

일본은 세계 제일의 스페셜티 커피 수입국이다. 해마다 도쿄에서는 스페셜티 커피 박람회도 열린다. 아직도 자메이카 블루마운틴 커피나, 파나마 게이샤 커피, 하와이 코나 커피의 주 고객층은 일본인들이다. 예를 들어 자메이카의 블루마운틴 커피는 생산량의 70%가 일본인들에 의해 전량 수매된다고 한다. 최근 파나마 COE 대회에서 1등한 에스메랄다 농장의 게이샤 커피도 일본인들에 의해 수매되었는데 생두 1kg에 수백만 원을 호가했다고 하니 그들의 스페셜티 커피를 향한 애정이 느껴진다.

　그들은 일찍 스페셜티 커피의 진가를 알아보았고, 지금도 수많은 커피 셀렉터들이 좋은 커피를 구하기 위해 오지의 밀림을 찾아다니고 있다. 일본이 스페셜티 커피 시장에 뛰어든 것은 오래된 일이다. 그들은 좋은 커피에 비싼 비용을 지불하는 것을 아까워하지 않는다. 오히려 비싸게 주고 산 커피를 마케팅에 활용하기도 한다.

　우리나라에서도 좋은 커피를 찾아 나선 사람들이 있었다. 초기에 이들은 커피 헌터라고 불렸다. 하지만 이 명칭은 너무 공격적인 이미지를 가지고 있기에 최근에는 더 이상 사용하지 않고, 좋은 커피를 선택하는 사람들이라는 의미로 커피 셀렉터라고 부르기 시작했다. 처음에는 몇몇 사람들이 커피 산지를 방문하는 정도에 그쳤지만, 우리나라 경제가 성장하고 이에 따른 원화 가치의 상승, 해외여행의 자유화 등을 통해 점점 커피 전문가들을 중심으로 커피 산지를 찾는 이들의 수가 증가하기 시작했고, 그들을 통해 커피 생두가 수입되기 시작했다. 안타깝지만 좋은 커피를 마시려면 경제력이 뒷받침되어야 하는 것이 현실이다.

커피 셀렉터들은 어떤 일을 하는가?

커피 산업의 최전선에서 좋은 커피를 찾는 일을 한다
　커피를 추출하여 제공하는 바리스타, 커피를 맛있게 로스팅하는 커피 로스터, 그리고 커피 산지에서 커피를 생산하고 가공하는 농부들, 그들 모두가 중요하지만, 옥석(玉石)을 가리듯 커피의 산지를 찾아다니며 맛과 향이 뛰어난 커피를 선택해 내는 커피 셀렉터들의 역할은 이에 못지않게 중요하다. 정형화된, 틀에 박힌 커피를 만들어 내고 제공하는 것이 아니라, 보다 반짝반짝 빛나는 영롱한 보석 같은 커피의 향기를 찾아내어 소개하는 것은 커피 산업에 지대한 공헌을 할 수 있기 때문이다.

예를 들어 과테말라의 커피는 대부분 '안티구아'가 전부인 것으로 알고 있다. 하지만 이는 커피가 생산되는 대표적인 지역의 이름일 뿐, 과테말라에는 2017년 COE 대회에서 1위를 한 산타 펠리사가 운영하는 엘 파라샤(El Paraxaj) 농장의 커피를 비롯한 좋은 커피 농장과 지역이 즐비하다. 커피 셀렉터들은 직접 발로 찾아다니며 좋은 커피를 발굴해 내는 역할을 한다. 커피 셀렉터들이 커피 산지를 방문하게 되는 동기는 처음에는 호기심 때문이었다. 하지만 이내 좋은 커피를 발굴해 내고자 하는 열정으로 바뀌었다. 이들은 인터넷을 통해서 산지 정보를 검색하기도 하고, 각 나라의 커피 옥션(Auction)을 통해 커피 정보를 수집하기도 한다. 때로는 커피 생산국에서 보내주는 커피 샘플(Sample)을 접해보고 직접 그 농장을 방문하기도 한다.

커피의 품질을 데이터화 한다

커피 셀렉터들은 대부분 Q-grader 자격을 가지고 있는 전문가들이다. 이들은 국제적으로 정해진 평가 기준을 사용해서 자기들이 접한 커피의 품질을 데이터화 한다. 이를 통해서 직접 그 농장에 가보지 못했어도 커피 전문가들은 그 농장의 커피의 품질을 알 수 있게 된다. 이는 좋은 커피의 생산과 수출을 가능하게 하는 중요한 기준이 된다.

현지 농장의 농부를 교육하여 좋은 품질의 커피 생산을 가능하게 한다

커피 농장에 방문해 보면 커피를 심기는 심었는데 어떻게 재배해야 하는지, 수확한 커피를 어떻게 가공해야 하는지를 모르는 경우도 많이 있다. 필자가 방문한 중국 쿤밍의 한 농장은 수확한 커피 생두를 1년간 노지에 쌓아두고 그대로 건조시키고 있었다. 당해 연도에 수확한 커피 생두였지만, 마치 올드 크롭(old crop)처럼 상태가 많이 안 좋아 보였다. 커피 셀렉터들은 좋은 커피만 골라내어 가져가는 존재들이 아니라 현지 농장에서 제대로 된 커피 교육을 통하여 좋은 커피의 생산과 가공, 그리고 수출을 돕는 존재이다. 이를 통해 커피 셀렉터들과 현지 농부들과의 관계가 신뢰로 굳어지면 질 좋은 커피 생두를 안정적인 가격으로 지속적으로 수입해 올 수 있다는 장점이 있다.

커피의 공정 무역을 가능하게 한다

커피를 수입하는 일은 몇 단계의 중간 과정을 필수적으로 거치게 되는데, 심할 경우에는 현지 농장에서 수확된 커피 생두가 배에 실리는 과정까지 여섯 단계 이상의 중간 상인의 손을 거치게 되고, 수입해 오는 과정에서 운송료와 창고 보관료와 마진 등을 더하게 된다. 이 과정에서 각자 자기 이윤을 떼다 보니까 커피의 가격이 필요 이상으로 오르게 되고, 커피 소비국에서는 커피 한 잔의 가격이 커피 생산 농부의 입장에서는 상상도 못 할 정도로 비싸지는 것이다.

커피를 생산하는 농부들이나 노동자들 입장에서는 고생만 하고 수입은 적을 수밖에 없는 이런 구조를 커피 셀렉터들은 중간 단계를 과감히 생략하는 방법 등을 사용하여 현지 농부들의 수입 구조는 높이고 지역 경제를 살리는 일들을 하게 된다. 개발 도상국 생산자들의 경제적 자립과 지속 가능한 발전을 위해서 생산자에게 보다 유리한 무역 조건을 제공하는 일을 공정 무역(Fair Trade)이라고 한다. 커피 셀렉터들은 커피 농장의 상황을 가장 직접적으로 볼 수 있기 때문에 커피의 공정 무역을 가능하게 할 수 있는 것이다.

커피 셀렉터들은 커피 산지를 방문하기 위해 적지 않은 재정과 시간을 투자하며 위험을 감수한다. 필자가 아는 커피 셀렉터는 최근에 에티오피아 커피 산지를 방문했다가 현지에 계엄령이 내려짐으로 인해 모든 교통수단 이용이 어려워져서 헬기로 탈출해야 했던 순간도 있었다. 이들이 이토록 어렵게 찾아가 확보한 커피가 배를 타고 한국에 도착했을 때의 희열은 아마도 그들만이 알 수 있을 것이다.

이전에 대한민국의 커피 산업은 여러 면에서 일본의 커피 산업에 의지하고 있었다. 안타까운 일이었지만 우리들이 직수입할 능력이 못 되어 그들이 구입하고 남은 커피를 수입하여 사용하기도 했다. 하지만 이제 우리는 우리나라 커피 셀렉터들의 수고로 더 이상 그럴 일이 없다. 우리가 직접 선택한 좋은 커피를 맛보고 누릴 수 있게 된 것이다. 지금 이 시간에도 아시아에서, 중남미에서, 아프리카의 밀림을 누비며 최상급의 스페셜티 커피를 찾아다니는 대한민국 커피 셀렉터들의 노고와 헌신에 경의를 표한다.

커피
연금술사

바리스타라고 함은 이태리에서 유래된 말로 바(Bar)에서 음료를 만들어 제공하는 사람을 의미한다. 16세기 영국에서 유래된 바텐더(Bartender)라는 말도 바리스타의 뜻과 의미는 같다. 바리스타는 바 안에서 각종 커피와 음료, 음식을 만들어내는 요리사이다.

최근 몇 년 동안 바리스타 자격증을 취득하려는 사람들이 증가하고 있다. 필자의 손을 거쳐서 약 1,500명의 바리스타가 양성되었는데, 배우려는 이들이 점점 더 많아지고 있다. 연령층은 참으로 다양한데 은퇴 이후의 삶을 행복하게 살기 위해 커피를 배우는 70대의 노인부터, 초등학교 4학년에 재학 중인 어린 학생도 있었다. 창업이나 취업을 목표로 자격증을 취득하려는 수요도 적지 않지만, 수강생 중에서는 자녀들이 장성한 이후에 제2의 인생을 멋지게 살고자 하는 가정주부들이 많았다. 이는 자신의 손으로 맛있는 커피와 음료를 만들어보고자 하는 문화적 욕구에 기인한다고 할 수 있다.

바리스타란 무엇일까? 필자는 커피 연금술사라고 말하고 싶다.

중세 유럽에서는 연금술(鍊金術, Alchemy)이라는 것이 유행했던 적이 있었다. 이는 기원전 이집트의 알렉산드리아에서 시작하여 이슬람을 거쳐 중세 유럽에 퍼진 일종의 주술적인 자연학을 의미한다. 흔히 알려진 바로는 비금속을 귀금속으로 바꾸는 기술을 말한다. 중세 유럽에서는 납이나 철을 금으로 바꿀 수 있다고 선전하던 연금술사들이 많이 있었다.

가치가 없거나 낮은 것을 값비싼 것으로 만드는 기술을 가리켜 연금술이라고 말한다면 커피는 단연코 연금술이라고 할 수 있다. 커피 생두가 커피 원두가 되어 바리스타의 손으로 오기까지의 변화는 가히 놀랍다. 향기라곤 마른 풀 향기와 약간의 매운 향밖에 나지 않는 생두가 어떻게 그토록 향기로운 커피 원두가 될 수 있을까?

이는 로스팅(Roasting)을 통해서 이루어지는 마법과 같은 변화이다. 이후로 바리스타를 통해 음료로 변신되는 과정 또한 연금술에 비할 수 있다. 커피의 성분을 가장 맛있게 추출하는 기술은 신기하기까지 하다.

그런데 커피를 통해 일어나는 변화는 커피 생두에만 일어나는 것이 아니다. 커피는 사람들의 마음에 놀라운 변화를 가져다준다. 커피를 마시거나 커피를 공부하는 사람들의 마음에는 행복과 기쁨이 찾아온다. 수술 후 후유증으로, 마음의 우울증으로, 학업의 스트레스로 고민하고 힘들어하던 이들이 커피를 배우면서 자연스럽게 어려움을 극복하는 긍정적인 변화를 필자는 수없이 보았다.

파울로 코엘료는 자신의 소설 〈연금술사〉에서 이렇게 말한다.

"이 세상에는 위대한 진실이 하나 있어. 무언가를 온 마음을 다해 원한다면 반드시 그렇게 된다는 거야. 무언가를 바라는 마음은 곧 우주의 마음으로부터 비롯되었기 때문이지. 그리고 그것을 실현하는 게 이 땅에서 자네가 맡은 임무라네."

커피를 좋아하는 이들에게는 커피를 한번 배워보라고 권하고 싶다. 그리고 바리스타 자격증에 도전하는 사람들에게 꼭 당부하고 싶은 말이 있다. 커피 장사꾼이 되지 말고 커피 연금술사가 되시라고 말이다.

커피 한 잔에는 커피를 만든 사람의 철학이 녹아 있어야 한다. 커피를 단지 돈을 벌기 위한 수단으로만 생각하지 않았으면 한다. 바리스타에게 요구되는 가장 중요한 요소는 무엇일까? 그것은 커피를 다루는 능숙한 기술보다는 사람을 사랑하는 마음이라고 할 수 있다.

사람을 수단으로 생각하지 말고 사람을 사랑하라. 사람을 사랑할 때에 진정한 커피 연금술사가 될 것이다.

커피 농부의 손맛

과거에 커피 산지에 가면 '제대로 된 카페가 없어서 커피를 마시기 힘들었다'는 경험담이 많았다. 근래에는 그런 곳에도 카페들이 들어서고 고가의 로스팅 기계들을 구입하여 직접 커피를 볶아서 판매하는 곳들이 늘어나고 있다.

필자가 2014년에 인도네시아 아체 지역을 방문했을 때, 중국제 대형 로스터를 구입해서 산더미만큼 커피 원두를 볶아 판매하는 카페를 들른 일이 있었다. 그곳에 있는 중국제 로스터의 가격을 물어보았더니 원화로 2,500만 원이 넘는다고 했다. 인도네시아의 물가 기준으로 볼 때 이는 정말 엄청나게 비싼 비용을 지불한 것인데, 그럼에도 불구하고 이를 구입한 이유는 커피 생두만 파는 것보다 직접 볶아서 원두를 상품화해 판매하는 편이 훨씬 많은 이익이 생긴다는 것을 알아버렸기 때문이다.

커피 산지에서 마시는 최고의 커피는 농장의 가정집에서 전통적인 방법으로 볶아 내려주는 커피다. 신선도야 물론이고 농부의 손맛은 덤이다. 커피 농장의 농부는 로스팅 과정에서 일어나는 화학적 변화와 화학 기호들은 몰라도 경험적으로 어떻게 볶아야 맛있게 볶아지는지를 잘 알고 있다.

커피나무가 울타리처럼 둘러싸고 있는 곳에서 신선한 커피를 마신다는 것은 대단한 호사(豪奢)가 아니겠는가? 농부가 커피를 볶기 위해서 사용하는 로스터는 어느 가정에나 있는 프라이팬과 나무 막대기다.

갓 볶은 커피의 신선함을 느끼고 싶다면 지금 당장 신선한 생두를 구입해서 프라이팬에 100g 이내로 넣고 볶아보기를 권한다. 나무 주걱으로 타지 않게 볶아주는 것이 요령이다. 잘 볶지 못해도 좀 어떤가? 커피 향을 제대로 느낄 수 있다면……

신맛 나는 커피 만들기

과거에는 커피 맛이 쓴맛만 있는 줄 알았던 시절이 있었다. 하지만 오늘날 커피 애호가들 중에서는 커피의 신맛과 단맛을 구분해내는 사람들이 많아지고 있다.

커피와 설탕, 크림을 1:2:3 비율로 넣었던 소위 '다방 커피'에 길들여진 사람들은 아직도 그게 더 맛나다고 주장하지만, 바야흐로 커피의 세계는 신맛 나는 커피가 점령해나가고 있다. 커피의 신맛은 귤이나 레몬, 오렌지, 파인애플과 같은 과일의 산미에 비유되곤 하는데 이는 커피 생두 자체가 과일의 씨앗이기 때문이다.

오늘날 호사가들은 산미가 가득한 커피를 마시기 위해 비싼 비용을 지불하는 것을 결코 아까워하지 않는다. 아프리카산 고급 커피 원종들에게서 좋은 산미를 발견할 수 있다. 하지만 산미는 비싼 생두에만 있는 것이 아니다. 브라질의 산토스나 인도네시아의 만델링은 각기 허브 향과 깊은 바디감으로 유명하지만 그 콩들도 산미가 강하게 부각되도록 만들 수가 있다. 그것이 로스팅의 마법이다.

아무리 무채색의 커피 생두라도 가정에서 커피를 볶을 때 산미가 나도록 볶을 수 있다. 가정에서 로스팅에 관한 사전 지식이 없이 커피를 볶으면 대부분 아주 강하게 볶기 마련이다. 이는 로스팅의 과학적 원리를 알지 못해서 일어나는 일이다. 이 경우 커피는 매우 쓰고 때로는 탄 맛이 느껴진다. 쓴맛 나는 커피보다 산미가 가득한 커피가 좋다면 산미가 나도록 볶아주면 된다. 방법은 다음과 같다.

먼저 질 좋은 커피 생두를 구입한다. 가급적 수확한 지 일 년 이내의 빈(Beans)이 좋다. 그다음, 생두를 100g 이내로 프라이팬에 넣어 약한 불에서 볶아주다가, 커피의 얇은 껍질(실버스킨)이 날리기 시작할 때에 불을 강하게 조절해서 볶아준다. 이때 커피 생두가 타지 않도록 주걱으로 자주 저어주어야 한다. 로스팅 시간이 경과함에 따라 커피 생두는 노란색으로, 갈색으로, 그러다가 점점 밤색으로 변해간다. 이를 좀 더 지켜보면 커피콩이 탁탁거리며 터지는 것을 볼 수 있다. 이때가 일차 팝(Pop)이라고 하며 이때는 더 타지 않도록 화력을 약하게 조절해주어야 한다. 전체적으로 커피의 색깔이 밝은 밤색을 띠게 되면 커피를 불에서 꺼내어 선풍기 바람으로 식혀준다.

자, 이제 산미가 가득한 커피를 맛볼 준비가 끝났다. 생각만 해도 입안에 침이 고이는 산미가 가득한 아이스커피 한잔으로 가족이나 이웃과 함께 행복한 시간을 보내시길 바란다.

좋은 커피 생두 구하기

커피를 볶기 위해서 제일 먼저 해야 하는 일은 생두(Green Beens)를 구하는 일이다. 커피 생두를 구하는 일은 생각보다 쉽다. 인터넷을 검색해보아도 생두를 수입해서 파는 회사들이 많고, 이들 회사 중에서 오프라인 매장을 운영하는 곳도 있기 때문이다. 인터넷으로 구입할 수도 있지만 좋은 커피 생두는 깐깐하게 찾는 것이 좋다. 좋은 커피는 좋은 생두에서 나오기 때문이다.

좋은 커피를 고르는 기준은 다음과 같다. '가급적 높은 지대에서 생산된 커피일 것', '결점두가 적은 커피일 것', '생산된 해가 일 년 이내일 것'이다.

높은 지대에서 생산되는 생두는 낮은 지대의 것보다 더 단단하다. 이 말은 커피 세포의 간격이 조밀하다는 뜻이다. 높은 지대의 환경은 낮은 지대보다 더 열악하여 나무가 천천히 자라는 반면에, 종족 보존을 위해 커피나무가 열매에 영양분을 더 많이 축적해두기 때문이다. 따라서 높은 지대에서 수확한 커피 맛과 향은 낮은 지대의 것보다 좋다. 따라서 더 비싼 가격으로 거래된다. 생두 봉투에 SHB, HB 또는 SHG, HG로 표시되었다면 이는 생산 고도를 의미하는 것이며, 'S'자가 붙은 쪽이 더 높은 지대에서 생산된 커피이다.

결점두(Coffee Bean Defects)가 적은 것에서부터 시작해서 등급을 나라별로 'NO2-6' 나 'G1-6' 등으로 구분하는데, 결점두가 적을수록 좋은 커피이다. 브라질 커피는 대부분 기계로 수확하기 때문에 필연적으로 결점두가 많이 섞여 있어서 'NO1'은 없고 'NO2'부터 시작한다. 덜 익은 콩, 썩은 콩, 벌레 먹은 콩, 곰팡이 핀 콩이 섞여 있을 경우 좋지 않은 커피 향을 유발하므로 결점두는 필연적으로 골라내야 한다. 이 경우 커피를 볶는 사람이 직접 골라내야 좋은 결과를 얻을 수 있다.

가장 중요한 것은 역시 수확한 연도이다. 갓 수확한 커피 생두는 수분이 많이 함유되어 있어서 좋은 향미를 얻을 수 있다, 하지만 일 년 이상 된 커피 생두는 수분을 많이 잃어버려서 좋은 결과를 얻기 힘들다. 햅쌀이 맛있듯이 갓 수확한 햇콩(New Crop)이 더 맛있는 법이다.

이제 커피 생두를 직접 찾아 구입해보는 것이 어떤가? 생두 매장의 위치를 확인하고 가급적 직접 방문해서 구입해보자. 여유가 된다면 커피 생산국별로 생두를 구입해서 볶아보자. 여기까지 했다면, 이제 여러분은 커피 로스터의 첫걸음을 내딛은 것이다.

주사기 Syringe 에스프레소 커피

대한민국은 커피에 푹 빠져 있다고 할 정도로 어딜 가나 커피가 준비되어 있다. 도시든 농촌이든 그 어느 곳에도 집집마다 믹스 커피가 준비되어 있어서 커피 한잔이 생각날 때 언제든지 커피를 즐길 수 있다. 뿐만 아니라 도시에는 커피 전문점이 몇 집 걸러서 자꾸만 생겨나고 있다. 사람들은 커피의 마력에 빠진 것처럼 커피를 즐기고 있다. 이는 사람들이 커피의 맛을 알기 때문이라기보다, 하나의 문화로 받아들이고 있기 때문일 것이다.

커피도 문화이기 때문에 유행에 민감할 수밖에 없다. 따라서 요즘 대세인 콜드브루 커피도 한때 유행으로 끝날 가능성도 있다. 커피를 유행 따라 즐기는 것도 좋지만, 커피를 나 자신의 문화로 즐겨보는 것은 어떨까? 그렇다면 집에서 즐기는 커피 DIY(Do It Yourself)를 추천한다.

먼저 '나'만의 에스프레소 커피를 만들어보자. 에스프레소 커피는 아메리카노나 카푸치노 등을 만들기 위해 가장 기본이 되는 커피이다. 이태리어로 에스프레소(Espresso)란 빠르다는 뜻을 가지고 있는데, 이는 커피의 원액을 25~30초 안에 추출해내기 때문에 붙여진 이름이다.

에스프레소 머신에서는 미세하게 분쇄된 커피 가루에 약 9기압의 압력을 가해서 섭씨 95℃의 뜨거운 물로 추출한다. 이렇게 추출된 커피는 황금색 크레마(Crema)가 덮여 있는 향기로운 에스프레소가 된다.

경제적 여유가 있다면 모를까 가정에서 에스프레소 커피를 추출하기 위해서 고가의 커피 머신을 구입할 필요는 없다. 시중에서 4~5만 원 하는 모카포트를 구입해서 에스프레소를 추출하는 방식도 있지만 이는 생각보다 번거롭다. 2~30만 원 하는 보급형 에스프레소 머신을 구입해도 그 성능이 생각보다 신통하지 않다. 간편하게 에스프레소 커피를 만드는 방법으로 캡슐커피 머신이 있지만 개당 캡슐의 가격이 비싸고 유통 기간이 짧아 최근에는 인기가 시들하다.

가정에서 쉽고 저렴하게 에스프레소 커피를 추출하는 방법으로 주사기 에스프레소를 소개한다. 먼저 의료기 상사를 찾아가서 관장용 50ml 주사기를 구입한다. 개당 가격이 700원 정도로 저렴하다. 주사기는 멸균 상태이기 때문에 소독이 따로 필요 없다.

준비가 되면 뜨거운 물을 끓여서 드립용 주전자에 넣은 후 약간 식힌다. 그리고 물이 끓는 사이에 커피 가루를 잘게 분쇄해놓는다. 너무 잘게 분쇄하면 커피를 추출하기에 힘이 들기 때문에 핸드드립용 커피보다 약간 잘게 갈아놓는 것이 팁이다. 관장용 주사기의 피스톤 부분을 빼고 몸통 부분에 핸드드립용 종이 필터를 앞쪽 부분이 가려질 정도로 구겨서 넣고 피스톤으로 밀어서 막아준다.

여기까지 되었으면 주사기 몸통 부분을 세워서 커피 가루를 넣고(약 10g)

피스톤을 밀어서 약하게 다져준다. 추출될 커피를 받을 잔을 미리 준비해놓고 주사기 몸통을 세워서 드립 주전자의 뜨거운 물(약 25ml)을 주사기 몸통 속에 있는 커피 가루에 부어준다. 이때 뜨거운 물에 화상을 입지 않게 주의한다.

다 되었으면 피스톤을 끼우고 앞으로 밀어서 에스프레소를 추출한다. 주사기 에스프레소 커피 완성이다. 이 커피의 특징은 추출 기구는 가격이 저렴하지만 맛은 결코 저렴하지 않다는 것이다.

제 7 장

커피와
예술

웃음의 묘약, 커피

'남몰래 흐르는 눈물'은 가에타노 도니체티(Gaetano Donizetti, 1797~1848)의 오페라 '사랑의 묘약'에 나오는 남자 주인공의 아리아(Aria)이다. 이 오페라는 사기꾼에게 속아서 싸구려 포도주를 사랑의 묘약으로 착각하고 마시는 주인공에 관한 코믹한 내용을 담고 있다. 도니체티는 자기의 작품을 다시 검토하지 않는 것으로 유명한 작곡가였는데, '사랑의 묘약'은 오랜 기간 보고 또 보고 할 정도로 공을 들였다고 한다. 그만큼 재미있고 유익하다.

사실 이 오페라는 마시면 사랑하는 이의 마음을 얻게 된다는 묘약에 관한 희랍 신화를 따서 만든 것이다. 이 세상에 사랑의 묘약이 존재할까? 아쉽게도 사랑의 묘약은 없다. 상대방의 마음을 얻는 것은 내가 무언가를 마신다고 이루어지지 않는다.

하지만 일단 마시면 행복해지고 웃음이 저절로 나오게 하는 음료는 존재한다. 포도주와 맥주 같은 알콜 음료는 역사 속에서 인류의 사랑을 받아왔다. 그러나 사람의 마음을 잠시 행복하게 해줄 수는 있어도 이에 따른 이성의 마비와 과도한 주사(酒肆) 때문에 부작용이 만만치 않다. 술과 달리 부작용

없이 사람의 마음을 기쁘게 하고 행복하게 하며 웃음이 나오게 하는 음료가 있다. 그것이 바로 커피다.

커피는 마시는 음료다. 사람이 입으로 섭취하기에 음식이라고도 할 수 있을 것이다. 하지만 커피는 배부르기 위해 마시는 것이 아닌 점에서 다른 음식과 다르다. 오히려 커피 안에 있는 클로로겐산(Chlorogenic Acid)은 공복감을 불러온다. 커피 한 잔의 가격이 만만치 않아 밥값보다 비싼 경우도 있다. 그렇다면 배부르지도 않는 커피를 비싼 가격을 주고 사서 마시는 이유는 무엇일까?

그것은 사람들이 추구하는 행복과 관련이 있다. 밥은 사람을 배부르게 해주지만 커피는 마시는 사람에게 행복감을 준다. 카페인이 행복한 감정에 영향을 주는 세로토닌의 증가에 기여한다는 연구 결과가 있다. 커피가 웃음의 묘약이라는 과학적 근거인 셈이다.

커피는 6세기 에티오피아에서 발견된 이후, 커피가 전해지는 나라와 민족, 그 누구를 막론하고 사람들의 마음을 행복하게 만들어주었다. 커피 한잔을 통해 얻게 되는 유익이 참 많았기에 수많은 부침과 어려움 속에서도 인류의 음료로 자리매김을 하게 되었던 것이다.

최근에 세상 돌아가는 일들이 사람들의 마음을 힘들게 한다. 사람들의 얼굴에서 웃음기가 사라지고 묘한 긴장감이 흐른다. 윤종신 씨의 '오르막길'이라는 노래 가사를 보면 이런 내용이 있다.

이제부터 웃음기 사라질 거야

가파른 이 길을 좀 봐

그래 오르기 전에 미소를 기억해두자

오랫동안 못 볼지 몰라

좋은 커피 한잔을 마시면 얼굴에 웃음이 솟아난다. 고소한 견과류의 맛과 잘 익은 과일의 산미, 베리(Berries) 류의 상큼함과 묵직한 대지의 마우스필(Mouthfeel), 그리고 길게 여운을 남기는 애프터 테이스트(After Taste)까지, 마음을 기쁘게 하며 황홀하게까지 한다.

웃을 일이 없고 얼굴에서 웃음기가 사라지고 있는, 남 몰래 눈물을 흘리고 있는 이들, 위로가 필요한 분들에게 웃음의 묘약인 좋은 커피 한잔을 권하고 싶다.

《어린 왕자》의 작가
생텍쥐페리와 커피

　프랑스의 사상가 '몽테스키외'가 쓴 《페르시아인의 편지》에 따르면, 1700년대 이후에 파리에서는 커피숍이 대단히 유행했다. 18세기에 들어서면서 문학이 삶의 모든 영역을 뒤덮었을 때도 커피의 지대한 영향력이 바탕이 되었다. 18세기에는 그 이전의 어느 시기보다 삶을 즐기려는 에너지가 들끓었다. 파리의 커피숍은 문화와 함께 지속적으로 성장했고 파리지앵(paʁizjɛ)의 사랑을 받았다.

　20세기 들어 파리(Paris)에서는 집회의 허가를 받으려면 무척 까다롭고 어려워 시간도 많이 걸렸다고 한다. 그래서 파리의 지식인들은 집회의 허가를 받는 대신에 카페에 모여서 커피를 마시며 종종 토론을 나누었다.

　파리에는 직업군에 따라 각기 모이는 카페들이 존재했는데, '알프레드 프랭클린'의 말에 따르면 당시 프랑스의 카페 부레트(Cafe Bourette)에는 문학가들이, 카페 알렉상드르(Cafe Alexandre)에는 음악 애호가들이 모여 있었다고 한다. 이 외에도 파리에는 연극인들이 모이는 카페, 군인들이 모이는 카페 등, 다양한 카페들이 존재했다.

그곳에서 정치와 철학이 논의되고 문학이 창작되었으며 예술적 아이디어와 영감이 넘쳐났다. 레닌과 엥겔스가 카페에서 자기 사상을 완성했고, 카뮈가 《이방인》을 썼으며, 사르트르와 생텍쥐페리, 헤밍웨이는 그들의 생각을 글로 옮겼다.

인류가 음료로 마시기 시작한 이후부터 커피는 거의 모든 사람들의 사랑을 받았다. 특히 지적인 탐구를 하는 과학자들이나, 작품 활동에 힘쓰는 예술가들, 특히 사상가들에게 커피가 가져다주는 영감의 깊이는 대단한 것이었다. 그리고 파리의 문학가들에게 있어서 커피는 매우 좋은 친구였다.

커피에는 커피를 사랑한 이들의 예술혼과 창작 정신이 담겨져 있다. 마치 마술처럼 커피는 그들에게 영감을 불어넣어 주어 인류 문화를 화려하게 장식했다. 특히 문학가들에게는 커피는 단순한 음료 이상으로 중요한 가치를 지닌 친구였다.

프랑스 출신의 작가이자 비행기 조종사였던 생텍쥐페리(Antoine de Saint-Exupéry)는 파리의 카페를 사랑했던 사람들 중에 한 사람이다.

그는 독일 나치의 침공으로 미국으로 도피했고 그곳에서 소설 《어린 왕자(Le Petit Prince)》를 발표했다. 이 책은 그가 비행 도중에 사막에 추락했던 경험을 바탕으로 1943년에 발표한 소설이다.

이 책은 출판업자인 유진 레이날(Eugene Reynal)이, 작가가 냅킨에 그린 아이 그림을 보고, 이 그림이 동화의 좋은 주제가 될 것 같다고 권유한 것이 계기가 되었다고 한다. 간혹 위대한 작품이 사소해 보이는 것에서 시작하기도 하듯, 이 작품도 냅킨에 그린 사소한 낙서에서 시작된 셈이다.

《어린 왕자》를 집필할 때 생텍쥐페리는 뉴욕에서 기차로 45분 거리에 있는 롱아일랜드의 'Asharoken'이란 마을의 하얀 삼층집 셋방에서 살았다. 그때 그는 글의 영감을 얻기 위해 커피와 담배의 힘을 빌려 자주 밤을 새웠다고 알려졌다. 아마도 그는 밤의 적막과 함께 커피와 담배를 무척 사랑했던 사람이었을 것이다. 그중에서도 깊은 밤 그를 깨어 있게 하고, 끊임없이 아이디어가 떠오르게 하며, 글을 쓰도록 지탱했던 것은 카페인의 힘이었다.

그가 커피의 애호가였음을 나타내는 흔적을 그의 책 《인간의 대지》(1939년 作)에서 찾아볼 수 있다.

> '나이 든 시골 아낙은 그림이나 소박한 메달, 혹은 묵주를 통해서만 신을 만난다. 이처럼 누군가 우리에게 자신을 이해시키고 싶다면 쉬운 말로 이야기해야 한다. 이처럼 나에게 있어 삶의 기쁨이란 그 향기롭고 뜨거운 음료의 첫 한 모금 속에, 우유와 커피 그리고 밀이 뒤범벅된 혼합물 속에 압축되어 있다.'

생텍쥐페리는 1920년 징병으로 공군에 입대, 1922년 면허를 딴 이후에 많은 비행을 했는데, 1926년부터는 정기 우편 비행사로 근무했다고 한다. 그는 특히 야간 비행에도 많은 업적을 남겼다. 당시 야간 비행은 비행기 조종사들에게 그야말로 두려움의 대상이었고 한다. 현대 과학의 도움을 받는 오늘날과는 달리, 모든 것을 조종사의 직관에만 의지해야 했던 시절에 밤에 비행기를 타고 하늘을 나는 것은 목숨을 거는 일 그 자체였기 때문이다.

1918년 프랑스에서 바르셀로나까지 용감한 한 비행사가 야간 비행에 성공한 이후, 북아프리카, 남미까지 항공 우편 야간 비행의 길이 열렸는데, 생텍쥐페리도 이 노선을 비행한 비행사 중 하나였다. 그는 이때의 경험을 토대로 두 번째 책인 〈야간 비행〉을 썼다. 야간에 밤바다를 비행하는 것은 밤을 사랑하지 않으면 할 수 없는 일이다. 그는 조용하고 고독한 밤을 사랑했다. 그는 이 책에서 이렇게 말하고 있다.

'그래도 밤은 어두운 연기처럼 피어올라 벌써 계곡을 메웠다. 계곡과 평야는 이제 구별이 되지 않았다. 마을은 벌써 불을 밝혀 별자리처럼 반짝임으로 서로 인사를 나누었다.'

그가 외롭고 고독한 야간 비행을 떠날 때에 그의 동반자는 그의 평생의 동반자이며 잠을 몰아내 주는 커피였을 것이라고 짐작해 본다.

생텍쥐페리의 책에는 남달리 아름다운 시어(詩語)들로 가득 차 있다. 반짝이는 문장들은 마치 커피 속에 숨겨진 천여 가지의 향기(Aroma)처럼 인생을 풍요롭게 만들어 준다. 《어린 왕자》에서 어린 왕자는 이렇게 말한다.

"사막이 아름다운 것은 어디엔가 샘을 감추고 있기 때문이다."
우리는 사막여우가 한 말을 통해 기다림의 기쁨의 정수(精髓)가 무엇인지 알게 된다.
"만약 오후 네 시에 네가 온다면, 나는 세 시부터 행복해지기 시작할 거야."

생텍쥐페리, 그는 자신의 애기(愛機)를 타고 마지막 비행을 떠난 뒤에 돌아오지 못했다. 그의 마지막 순간에 대한 이야기는 엇갈린다. 어떤 이들은 그가 독일군 비행기에 격추되었다고도 하고, 또 어떤 이들은 우울증을 앓고 있던 그가 스스로 죽음을 선택한 것이라고도 한다. 마치 자신의 소설 속 어린 왕자가 별을 떠난 것같이 생텍쥐페리는 1944년 7월 31일 지중해 상공에서 지구 별을 떠났다.

문학가 이상의 커피 사랑의 명암

이상의 소설 '날개'에 보면 이런 문장이 나온다.
"커피가 좋다."
이상의 본명은 김해경으로, 1910년에 태어나 1937년 27세로 요절한 천재 작가이다. 그는 커피를 좋아했다. 단순히 커피를 좋아하는 것을 넘어서 직접 다방을 창업해서 운영하기도 했다. 건축가이기도 했던 그는 의도했든 아니든 다방을 설계하고 창업 단계에서 다른 사람에게 넘기는 창업 컨설턴트의 일도 했다고 한다.

하지만 시대를 너무 앞섰던 때문인가, 그는 다방 운영에서 재미를 보지 못했다. 그는 요양 시절에 만났던 금홍이라는 기생을 마담으로 삼고 집을 팔아 1933년 7월에 종로1가에서 '제비다방'을 시작했다. 하지만 2년여 만에 경영난으로 문을 닫았고, 인사동에 카페 '쓰루', 광교다리 근처에 '69다방', 명동의 '무기다방' 등을 잇달아 열었다. 하지만 시작도 못 하거나 망해서 크게 재미를 보지는 못했다.

우리나라에서 다방을 처음 시작한 것은 일본인이었다. 1930년대 들어

충무로2가 큰길에 일본의 아카다 지점으로 다방이 처음 문을 열었고, 같은 동네에 '명과'라는 일본 제과점이 홍차나 커피도 함께 팔다가 차츰 커피 맛을 찾아 모여드는 손님 때문에 다방으로 변모하였다. 이곳이 당시 대중들로부터 인기를 끌자 건너편에 '금강산'이라는 다방이 생겨나기도 하였다고 한다. 이들 두 다방은 모두 일본인이 경영하던 곳이었다.

조선 사람으로서 국내에 다방을 최초로 시작한 사람은 동경미술대학을 졸업한 조각가 이순석이다. 그는 조선 호텔 건너편에 '낙랑팔러'라는 다방을 오픈했다. 이곳에는 문학가인 정인택, 이상, 박태원 등과 함께 극예술 연구회 사람들, 화가, 영화인 등 젊은 지식인들이 모여들어 장안에 화제가 되었다.

낙랑팔러를 시작으로 서울 곳곳에 다방이 하나둘씩 생겨나기 시작했는데 이상도 그 창업자들 중 하나였다. 이상은 다방 운영에 실패한 후에, 경제적으로도 어려움을 당하는 데다 일제 압제하의 암담한 국내 상황으로 인해 결혼한 지 3개월 만에 일본 유학을 계획하고 아내보다 먼저 도쿄로 떠났다.

하지만 일본 도착 후 얼마 지나지 않아 불령선인(不逞鮮人)이라는 이유로 일경(日警)에 체포되어 옥고를 치른다. 한 달여 만에 지병인 폐결핵이 악화되어 석방되기는 했으나 회복하지 못하고 동경대 부속병원에서 27년의 짧은 생을 마감했다.

문학가 이상은 우리나라 문학계에 큰 발자취를 남겼다. 소설 '날개'와 시 '오감도'는 만인의 사랑을 받는 작품이다. 하지만 카페 주인 이상은 실패를 거듭했다. 그는 왜 성공하지 못했을까? 그는 당시에 괴짜로 통할 만큼 남들과 다른 예술적인 감각이 있었다. 유행에도 민감하고 시대를 읽는 선구자적

혜안은 있었지만, 커피 전문가도, 전문 경영인도 아니었기에 그것만으로는 다방 운영이 어려웠던 모양이다.

제비다방의 주 고객은 이상처럼 가난한 문인들이었을 것이라고 짐작해본다면, 이들 중 제때 돈을 내고 커피를 마신 사람이 얼마나 될까? 수입이 없으면 그것은 곧바로 임대료 압박으로 이어진다. 제비다방은 월세로 얻은 가게였다. 자금이 돌지 않는 상태에서 월세의 압박을 받으면 어느 누구도 견딜 수 없다. 오늘날처럼은 아니라도 조물주 위에 건물주라는 농담이 그때도 통했을지 모르는 일이다. 커피를 좋아했던 이상은 소통의 도구로 다방을 창업했다. 하지만 그의 시도는 결국 실패로 돌아갔고 엄청난 경제적 압박이 이어졌다.

카페를 시작하는 사람들의 출발점은 대부분 단순하다. 커피를 좋아하니 카페를 한번 창업해볼까 생각한다는 것이다. 하지만 카페를 시작하는 순간 우려는 현실이 된다. 이상과 현실은 다르다. 카페를 창업하는 일을 생각하고 있다면 신중하게 생각해볼 일이다. 나는 카페를 창업한다는 사람을 보면 일단은 말리고 본다.

혹시 지금 카페를 시작하려고 준비하고 있다면 다음과 같은 사항을 스스로 점검해보면 좋겠다.

나에게 제대로 된 전문적인 커피 지식이 있는가? 아니면 단순히 커피를 좋아하는 차원은 아닌가? 경영 마인드나 카페 운영의 노하우가 있는가? 아니면 단순히 남들처럼 카페 운영을 해보고 싶은 것은 아닌가? 이런 것들을 스스로 점검해보고도 성공에 대한 확신이 있다면 도전해도 좋지만, 아니라면 지금이라도 포기하라고 권하고 싶다.

일전에 모 방송국 인터뷰를 마무리하면서 앵커가 필자에게 이렇게 질문했다.

"그러니까 본부장님은 국내 커피 시장에 대하여 장밋빛 전망을 하시는군요?"

방송이 마무리되는 순간이라 더 이야기할 수가 없어 아쉬웠다.

우리나라 커피 시장은 앞으로도 무한한 가능성이 있다. 하지만 무조건 장밋빛은 아니다. 전문적 지식과 능력이 없어도 어느 정도 통했던 지금까지의 양상과는 많이 달라질 것이다. 전문적인 지식이 없다면, 전문 경영인의 마인드가 없으면 앞으론 실패할 확률이 아주 높다.

커피를 좋아하는 것과 카페를 운영하는 것은 전혀 차원이 다른 일이다.

커피와 담배를
사랑한 천경자 화백,
그리고 미인도

　천경자 화백은 1924년 전남 고흥에서 태어나 1944년 동경여자미술전문학교를 졸업하고 조선대학교와 홍익대학교 미대 동양화학과 교수를 역임했으며, 1969년에 파리 아카데미 '고에쓰'에서 수학했다. 그녀의 그림은 개인적인 고통과 슬픔, 그리고 고독 등 아픈 마음을 승화한 작품으로 높이 평가받는다.

　특히 곱고 섬세한 일본화풍의 영향을 받아 그림이 섬세한 편이며, 일본에서 공부했지만 우리나라의 고유한 멋과 미를 살린 그림으로 대한민국 미술의 자존감을 세웠다. 그녀는 피카소나 샤갈과 견줄 만큼 독특한 화풍으로 국내외에서 큰 사랑을 받아오던 대한민국 미술계의 대표적인 화가이다.

　천경자 화백은 17세의 어린 나이로 일본으로 건너가 미술을 공부했는데, 유학을 마치고 귀국하는 길에 동경 역에서 표를 분실하여 낭패를 겪었다고 한다. 그러다 한국인 유학생의 도움을 받아 표를 구해 귀국하게 되었으며, 그 학생과 연애 끝에 결혼에 골인했다는 로맨스로도 유명하다.

　그녀는 평생 커피와 담배를 즐겼다고 한다. 한번은 이렇게 말한 적도 있었다.

"내가 밥 먹고 사는 줄 알아? 내 끼니는 커피와 담배야. 그래도 이렇게 힘이 있지!"

천경자 화백은 작품을 그릴 때면 언제나 커피와 담배를 곁에 두고 작업했다고 한다. 그녀는 시대를 뛰어넘는 자유로운 영혼의 소유자였으며, 마치 빈센트 반 고흐(Vincent Van Gogh)처럼 밥은 안 먹도 커피는 마시는, 커피를 너무나도 사랑했던 화가였다.

하지만 그녀의 말년은 조금 불행했다. 1991년 당시 천경자 화백은 지인들로부터 연락을 받게 되는데 '제목도 요상한 그림이 사우나탕에 있더라'는 내용이었다. 문제의 장소에는 '미인도'란 제목의 처음 보는 그림 인쇄물이 걸려 있었는데 작가의 이름이 천경자였던 것이다. 그 인쇄물의 출처는 국립현대미술관이었다.

당시 문화부가 기획한 '움직이는 미술관' 정책에 따라, 국립현대미술관은 소장품들로 순회 전시회를 열었고, 소장품 일부를 인쇄물로 복제 판매했다. 사우나탕에 걸린 인쇄물은 국립현대미술관이 장당 5만 원에 판매했던 복사본 900장 중 하나였던 것이다.

1979년 10.26 사태 이후 신 군부에 의해 김재규 前 중앙정보부장의 집에서 압수했다고 알려진 이 작품을 보고, 천 화백은 '미인도'가 자신이 그린 그림이 아니라고 주장했다. '자기 자식도 못 알아보는 부모는 없다'며 그녀는 자기 작품이 아니라고 선을 그은 것이다.

하지만 그녀의 주장은 받아들여지지 않았다. 그녀는 작가의 말을 믿어

주지 않는 대한민국과 한국 미술계에 크게 실망을 하고 절필(絶筆)을 선언한다. 그리고 노년을 미국의 맨해튼에 있는 딸의 집에서 보냈다. 그녀는 잠시 귀국하여 자신의 작품 중 93점을 서울시립미술관에 기증하고 미국으로 돌아간 후에 다시는 돌아오지 않았고 2015년에 90세의 일기로 천국으로 떠났다.

하지만 그녀가 세상을 떠난 지 2년이 지난 최근까지도 작품의 진위 여부에 대한 논쟁은 끝나지 않았다. 유족들은 이 그림의 진위 여부를 2016년 11월 프랑스 감정 업체 뤼미에르 테크놀로지에 의뢰해 '미인도가 진품일 확률은 0.0002%'라는 결과를 통보받았다. 천 화백의 차녀인 김정희 미국 몽고메리대 교수는 자신이 쓴 책〈천경자 코드〉를 통해 '미인도'가 위작이라는 새로운 근거를 제시하기도 했다. 논란이 계속되자 서울시립미술관에서는 천경자 화백의 그림을 전시하면서 '미인도'만은 작가의 이름을 빼고 전시함으로써 판단을 감상하는 이들의 몫으로 남겼다.

8월 6일은 커피와 담배를 사랑했던 위대한 화가, 천경자 화백의 기일이다. 아름답고 위대했던 작가, 하지만 끝없이 고독하고 슬펐던 그녀를 추모한다.

제 8 장

커피와
종교

뼛속 깊이 탁월한 유대인의 향미 감각

커피의 향미는 종교인들의 감성을 어떻게 자극하는가? 커피는 대부분의 사람들이 좋아하는 음료이다. 역사상 이처럼 단시간에 폭발적인 인기를 얻은 음료는 많지 않다. 커피가 전파되는 지역에서는 언제나 사람들의 사랑을 받았다. 특히 커피는 종교인들의 마음을 흔들었고, 종교와 함께 빠르게 전파되었다.

커피의 전파 속도는 종교와 무관하지 않았다고 말하는 것은 결코 비약이 아닐 것이다. 도대체 커피의 무엇이 종교적 감각을 자극하는가? 그것은 커피가 가지고 있는 향미다. 커피의 향기는 종교적 감성을 일깨운다. 갓 볶은 커피에는 1,000여 종의 향기가 숨어 있다.

유대인들에게 향기는 무엇일까? 구약성경 레위기에 보면 유대인들의 제사법에는 제단에 소나 양, 비둘기 같은 동물의 사체를 불살라 향을 올리는 '화제(火祭)'와 곡식을 태워 그 향을 올리는 '소제(蔬祭)'가 있었다. 특이한 점은 곡식을 태워 드리는 소제에는 향료인 유향(Boswellia)을 넣어 함께 태웠다는 사실이다. 고기가 타는 냄새든, 곡식이 타는 냄새든, 후각 세포와 측두

엽을 자극하는 기분 좋은 아로마가 있다. 향기 없이는 제사가 성립되지 않았다. 유대교의 성전은 항상 향기로 가득 찼다. 유대교는 향기의 종교라고 해도 과언이 아니다.

이런 시각에서 만약 커피가 좀 더 일찍 발견되었다면 향미가 풍성한 커피가 유대교 사회의 전폭적 인기를 얻었으리라고 짐작할 수 있다. 하지만 아쉽게도 그렇지는 않다. 커피가 에티오피아의 깊은 산속에서 처음 발견되었을 때 이미 유대교 공동체는 로마 군대에 의하여 전 세계로 뿔뿔이 흩어진 지 500년도 훨씬 더 지난 후였기 때문이다. 먼 훗날 유럽에 커피가 전해지기까지 유대인들은 이슬람 지역에서 유행처럼 번지던 커피를 맛볼 기회가 거의 없었을 것이다. 유대인들이 아랍 생활권에서 사는 것은 종교적인 이유로 거의 불가능했기 때문이다.

오늘날 시가 총액 534억 달러(2014년 기준)로 세계 커피 시장을 석권하고 있는 스타벅스를 이끄는 CEO 하워드 슐츠는 탁월한 경영자이며, 향미 전문가다. 그는 유대인이다. 최근 커피 테이스터 시장을 이끌고 있는 세계적인 커피 전문가 션 스테이만 박사에게도 유대인의 피가 흐르고 있다.

유대인들의 유전자에 뿌리 깊이 자리하고 있는 향미에의 감각은 탁월하다. 그것이 그들의 혈관 깊숙이 흐르고 있는 유대교 제사 전통과 깊이 연관되어 있다고 보는 것은 무리한 시각일까?

커피의 고향은 예멘일까, 에티오피아일까

이슬람 연구의 권위자인 이희수 교수는 '일부 사람들이 커피의 고향을 에티오피아라고 주장하고 있으나, 커피의 고향은 예멘이 맞다'고 말한다. 실제로 무슬림들은 커피 원산지가 그리스도 국가인 에티오피아가 아니라 아라비아반도에 위치한 예멘이라고 믿는다. 이슬람교를 창시한 마호메트가 생사를 오갈 때 가브리엘 천사에게서 계시를 받아 커피 열매를 따 먹고는 건강을 되찾았다는 전설이 전해지고 있기 때문이다. 한때 무슬림 사이에서는 커피를 몸에 담은 자는 지옥 불에 떨어지지 않는다는 믿음이 팽배했다. 이는 커피를 무슬림들이 사는 곳곳으로 퍼트리는 힘으로 작용해 커피는 순식간에 '이슬람의 음료'인 것처럼 됐다.

그러나 다수의 전문가들은 커피가 유래한 곳으로 예멘보다 에티오피아를 첫 손가락에 꼽는 데 망설이지 않는다. 이 같은 주장은 학자들에 의해 진행된 아라비카 커피 유전자 추적을 통해서도 증명이 되었다. 북극 노르웨이령 스피츠베르겐 섬에 있는 세계종자저장소에 저장할 아라비카 커피의 원종을 찾기 위해 학자들은 에티오피아의 깊은 산속을 헤매고 다니다가 커피의 조상격인 야생 커피나무를 발견했다.

　최초로 야생의 커피나무를 농작물로 경작한 곳은 예멘이 맞다. 여기에는 두 가지 이론이 존재한다. 6세기 고대 에티오피아는 국력이 강해서 홍해 건너 아라비아반도 서남부에 위치한 시바 왕국(지금의 예멘 지역)을 식민 통치하였는데, 그때 자기 나라의 야생 커피를 예멘 지역에 옮겨 심었다고 하는 고대 에티오피아의 식민지설과, 1450년에 에티오피아를 여행한 제말 에딘에 의해 커피 관목의 경작법과 음용법이 예멘에 전해졌다는 커피 경작법 유래설이다.

　어느 이야기도 예멘을 커피나무의 고향이라고 말하지는 않는다. 다만 예멘의 토질과 기후가 커피 경작에 최적의 조건을 가지고 있었기에 예멘은 얼마 지나지 않아 최고급 커피를 생산하는 명소로 찬사를 받게 된 것이 사실이다.

　이 부분을 종교적 시각을 가지고 살펴보면 더욱 흥미로워진다. 기독교나 유대교, 이슬람교의 공통 경전인 구약성경 창세기에 보면, 태초에 신이 세상을 만들었다. 신은 세상의 모든 동식물을 만들었고, 땅에는 각종 씨 맺는 채소와 나무가 자라났다. 신은 이 세상을 창조한 후에 에덴이라는 동산을 만들고는 인간으로 하여금 그 동산을 다스리게 위임했다.

　에덴동산에는 네 개의 강이 흐르고 있었는데 기혼, 비혼, 힛데겔, 유브라데다. 그중 유브라데 강은 지금의 이라크의 유프라테스 강이었을 것으로 짐작된다. 또 다른 강인 기혼 강은 구스 온 땅에 두루 흐르고 있었는데, 그곳은 아프리카 남부에 있는 에티오피아 지역이다. 구스는 에티오피아의 옛 이름이다. 이로 미루어 에덴동산은 작은 지역을 의미하지 않고, 메소포타미아부터 아프리카 남부까지 포함하는 광대한 지역이었을 것이라는 주장이 설득력을 갖는다.

여기에서 한 가지 가설이 성립된다. '커피나무의 고향은 에티오피아다. 에티오피아는 에덴의 강이 흐르던 곳이다. 그러므로 커피나무의 고향은 에덴동산이다.' 구약성경의 구절을 추적해봐도 커피나무의 고향이 예멘이라는 주장은 에티오피아만큼 단단한 토대를 지니지 못한다. 이슬람도 구약성서를 믿는다. 더욱이 무슬림들은 아담과 아브라함, 이스마엘로 이어지는 혈통을 받고 있다고 주장한다.

그렇다면 에덴동산에 태초부터 커피나무가 있었다는 믿음은 설령 그곳이 자신들의 텃밭인 아라비아반도가 아니라 그리스도 국가인 에티오피아라고 할지라고 그리 서운하게 받아들일 일은 아닐 성싶다.

이슬람서 커피는 사랑받고 포도주는 배척되는 이유

"결코 잠을 자지 않는 자에게 복이 있을지어다."

종교적인 목적에서 처음으로 커피를 즐겼던 사람들은 무슬림이었다. 예멘의 쉐호데트(Schehodet), 즉 '증언'이라는 이름의 사원은 이슬람 수도원이었는데, 그곳에서 기도하던 수도사들은 졸지 않고 기도하기 위해 커피를 마셨다.

그것은 커피콩에 들어 있는 마술과 같은 속성들 때문이었다. 커피를 마시고 나면 어깨를 짓누르던 피곤이 사라지고, 정신이 맑아져 사람들은 기도에 집중할 수 있었다. 한밤중 가장 잠이 쏟아지는 이쉐(Ische)라고 부르는 기도 시간이 되면 그들은 커피를 나누어 마신 후에 기도했다.

쉐호데트 사원에서 수도사들이 처음으로 커피를 마신 것이 언제였는지는 확정 짓기 어렵다. 하지만 의술에 밝은 아랍인으로 중세 스콜라 시대의 유럽에서 '아비세나'라고 불렸던 이븐-세나가 서기 1000년에 이미 커피를 알고 있었다는 것은 확실하다. 그는 당시에 커피를 '카베'가 아니라 '붕크

(Bunc)'라고 불렀다. 그는 의사로서 커피가 가진 효능을 잘 알고 있었다. 그는 '포도주는 몸을 나른하게 하지만 커피는 생각을 두 배나 선명하게 만들어준다'고 했다.

커피의 각성 효과에 대해 추적 조사가 최초로 이루어진 곳은 미국이다. 미국인 오라티오 우드는 혈액 순환과 근육에 미치는 카페인의 영향을 연구했고, 홀링우드는 1912년까지 약 7만 6,000건의 측정과 실험을 했다는 기록이 있다.

홀링우드는 근육 운동 효과를 결론적으로 이렇게 요약했다.

"카페인은 골수의 이완 중추에 자극제와 같은 역할을 한다. 그것은 근육이 더 힘차게 수축하도록 하면서 같은 양의 에너지로 더 많은 일을 하도록 해준다."

애써 이들의 조사 결과를 인용하지 않더라도, 이미 아랍인들은 커피의 각성 효과를 알고 있었다.

커피는 때때로 '이슬람의 포도주'라고 불렸다. 코란 중 '식탁'이란 표제를 달고 있는 장을 보면, 이슬람의 창시자인 모하메드는 포도주를 즐기는 취향에 대해 비난을 퍼부었다. 포도주는 사람의 정신을 몽롱하게 만든다는 이유 때문이었다. 이후로 이슬람 세계에서는 포도주가 배척되었는데, 실제로 포도주 자체를 반대했다기보다 '성스러운 상태', 즉 집중력이 방해받는 상태를 염두에 두고 있다고 할 수 있다.

그렇기 때문인지 이슬람이 등장하는 곳이면 어디서나 포도주에 대한 보호와 예찬이 사라졌다. 이슬람 세력이 점령한 지중해 남부 지역의 절반가량에서 포도나무가 사라졌고, 포도주의 신 디오니소스 신전은 철저하게 파괴되었다.

사실 예멘 땅의 뜨거운 협곡에서 커피 열매를 따고 이를 모아 쌓아두기 시작했을 때부터 이슬람 세계에서 커피와 포도주의 운명은 결정되어 있었다고 할 수 있다. 포도주는 거부되고, 그 자리에 커피가 자리 잡았다. 이슬람에 의해 기독교 국가인 동로마 제국 콘스탄티노플이 점령되었을 때에 포도주는 역사 속으로 사라지고 그 자리에 커피가 똬리를 틀고 들어앉았다.

이슬람에서 포도주는 '잠'을 의미하고, 커피는 '깨어 있음'을 의미했다. 〈천일야화〉에 보면 다음과 같은 구절이 있다.

"결코 잠을 자지 않는 자에게 복이 있을지어다."

여기서 한 가지 궁금한 점이 있다. 무슬림들은 하루에 커피를 몇 잔이나 마실까?

이슬람 사회서 한때 커피를 금지했던 사연

프랑스 철학자인 데카르트는 그의 초기 저서인 〈방법서설〉에서 '코기토 에르고 숨(Cogito, ergo sum)' 즉 '나는 생각한다, 그러므로 존재한다'라고 적었다. 커피 애호가 입장에서 '나는 커피를 마신다, 그러므로 존재한다'라고 해도 지나친 과장은 아닐 것이라는 생각이 든다.

커피가 가장 대중적인 음료라는 데 이의를 제기할 사람은 없을 것이다. 커피는 지구상에서 가장 사랑받는 음료이지만, 처음부터 그랬던 것은 아니다. 역사 속에는 도전과 응전이 언제나 존재했듯이, 커피도 이러한 과정을 거쳐왔다. 커피는 아라비아의 이슬람 수피교 수도승들이 졸지 않고 밤새워 기도하기 위한 용도로 마신 데에서 비롯됐다.

부유한 사람들은 커피를 제대로 마시기 위해 집에 전용 커피방을 따로 두기까지 했다. 그럴 여유가 없는 사람들은 카베 카네스(Kaveh Kanes)라는 커피 하우스에 드나들었다. 15세기 말에 순례자들을 통해 페르시아, 이집트, 터키, 북아프리카 같은 이슬람 지역에 커피가 소개되면서 대중적인 인기를 끌었다.

한편으로 커피는 반대에 부딪히기도 했다. 사람들이 커피 하우스에서 빈둥거린다고 못마땅해하는 통치자들이 한둘이 아니었다. 랄프 하톡스(Ralph Hatox)는 커피에 대한 역사를 다룬 책에서 '커피 하우스에 드나드는 사람들이 여러 가지 부적절한 오락에 빠져서 탈이다. 도박에 탐닉하는가 하면 난잡하고 이단적인 이성 교제에 휘말리고 있다.'고 고발했다.

메카의 젊은 통치자 카이르 베그(Khair Beg)는 자신을 조롱하는 풍자시들의 근원지를 커피 하우스로 지목하고 커피를 코란에 위배되는 불법 음료라고 규정했다. 1511년에 메카의 커피 하우스들은 결국 강제 폐업을 당했다.

메카에서 커피를 마시는 사람들은 핍박을 받았다. 금지된 기간에 커피를 마셨다가는 당나귀에 거꾸로 태워져 묶인 채 채찍을 맞아야 했다. 또 부녀자들이 커피에 빠져 잠자리를 소홀히 하는 남편들을 고발했다는 일화도 전해진다.

커피는 이슬람교 수도단체 데르비쉬 파의 수도승들에게서도 비난을 받기도 했다. 그들은 불 위에 얹어놓은 청동 냄비에서 검은색 커피가 쑥쑥거리며 끓어오르는 모습을 보고는 '악마의 음료'라며 금지해야 한다고 입에 거품을 물었다. 그들은 '심판의 날에 커피를 마시는 자들의 얼굴은 그들이 마신 저질 음료처럼 검게 될 것이다'라고 설파하기도 했다.

이처럼 광적인 행동은 커피를 즐겨 마시던 카이로의 술탄이 금지령을 풀고 나서야 차분해졌다. 이로부터 20년이 지난 시점에서 이집트에서는 다시 커피 금지령이 발령됐다. 하지만 공공장소에서 커피를 마시는 것을 금지했을 뿐 가정에서는 허용할 정도로 전에 비해 강도가 약해졌다.

커피를 마시는 것은 곧 목숨을 거는 일이었던 적도 있었다. 콘스탄티노플의 수상 쿠프릴리(Kuprili)는 전쟁 중에 반정부 선동을 두려워하여 커피 하우스를 폐업시켰다. 커피를 마시다 걸리면 가죽 부대 안에 갇혀 보스포루스(Bosporus) 해협에 던져지는 벌을 받아야 했다. 이렇게까지 했어도 많은 사람들이 커피를 마시자 결국 금지령이 철회되었다.

그렇다면 이슬람 사회에서 커피를 금지한 근거는 무엇이었을까? 그것은 '가축'이라는 제목이 붙은 코란 6장의 기록 때문이다.

> "알라신이 아침을 열리게 했으며, 그는 휴식을 위해 밤을 만들고 시간을 계산하기 위해 태양과 달을 만들었다. 이것이 바로 전지전능한 자의 질서니라."

이를 근거로 커피를 마시지 못하게 했다면 수피교도들도 처벌을 받아야 하는 모순에 부딪힌다. 커피 음용 금지조치는 사실 불만 세력의 봉기를 막기 위한 고육책이었다고 봐야 한다. 커피는 지성을 자극하는 각성제요, 부작용 없이 기운을 북돋아주는 효과로 사랑받았다. 커피 하우스마다 사람들이 모여 대화하고 사업을 도모했다. 합의와 시상(詩想), 사상을 고무시켜주는 공간이었다.

수많은 탄압 속에서도 커피의 생명력은 더욱 왕성하게 숨쉬어왔다. 아마도 인류가 존재하는 한 커피는 사라지지 않을 것으로 보인다. 커피의 역사를 되짚어보면서 양귀자의 소설 〈나는 소망한다 내게 금지된 것을〉을 떠올렸다.

 인류를 각성시키는 커피는 그 자체로 저항적이고, 자유를 추구하는 원초적 욕구를 분출케 한다. 그런 의미에서 이렇게 말할 수 있지 않을까? 커피는 세상에 존재하는 그 어떤 권력보다 강하고, 어떤 면에서 종교보다 영향력이 있다고…….

종교와 술, 그리고 커피의 상관관계

맥주의 고향은 어디일까? 많은 사람들이 독일을 맥주의 고향으로 꼽는데 주저하지 않는다. 하지만 맥주의 가장 오래된 기록은 7천 년 이전으로 거슬러 올라간다. 프랑스 파리 루브르 박물관에 보관되어 있는 모뉴멘트 블루(Monument Blue)에는 방아를 찧고 맥주를 빚어 여신에게 바치는 모습이 새겨져 있다. 이 수메르 유적을 통해서 인류는 메소포타미아 지역에서 선사 시대 이전부터 맥주를 만들어 마셔왔음을 알 수 있다.

고대 이집트에서는 수천 년 전부터 보리를 발효시킨 음료를 즐겨왔으며, 심지어 일군들의 품삯으로 계산해주기까지 하였다. 하지만 이때에는 호프를 추가하지 않고, 걸러내지 않은 걸쭉한 형태였고, 여기에는 각종 미네랄이 풍부해서 한 끼 식사 대용품으로 손색이 없었다.

이들은 태양신 오시리스를 비롯한 각종 신들을 섬겼는데, 이교적인 제사 이후에 맥주 파티가 벌어졌을 것이다. 이집트 신화에는 태양신 오시리스가 그의 아내 이시스의 도움으로 맥주를 만들었다는 이야기가 있으며, 맥주의 흔적은 고대 이집트 유적들에서 자주 발견이 된다. 이를 통하여 당시에 얼마나 대중적으로 맥주를 즐겼는지 알 수 있다.

포도주의 고향은 어디일까? 포도나무가 잘 자라나는 지중해 연안의 아주 오래된 고대 도시들에서도 포도나무가 경작되었고, 이를 포도주로 만들어 마시는 것은 아주 자연스러운 일이었다. 물이 귀했던 고대 국가에서는 포도주를 물처럼 마시기도 했다.

기독교의 경전인 성경의 기록에 따르면 이스라엘 민족이 이집트를 떠나 가나안 땅을 정복하기 위해 스파이들을 보냈을 때에, 그들은 사람 머리만 한 포도송이를 두 사람이 어깨에 메고 돌아왔다는 기록이 있다. 약간의 과장법을 감안하더라도 정말 커다란 포도송이들이 비옥한 팔레스타인의 토양에서 자라고 있었음을 알게 된다.

그보다 더 앞선 기록은 성경 창세기에 나온다. 전 우주적인 홍수 재앙을 맞이하여 파괴되었던 땅에 드디어 물이 다 마르고 새로운 생명들이 자라나기 시작했다. 인류 최초의 포도 농사꾼은 노아였다. 홍수 이후 살아남은 사람 노아는 그 땅에 포도나무를 심었다.

만취의 기록도 단연 노아가 앞서 있다. 노아는 포도를 수확하고 그것으로 포도주를 만든다. 그리고 집 안에서 포도주를 마시고 취해서 벌거벗은 채로 잠이 들어버린다. 노아의 아들들은 이미 혼인한 상태였고, 며느리도 세 명이나 있었다. 노아가 술에 취해 정신을 잃고 잠이 들어버린 상태에서 함이라는 아들이 이 모습을 보고 밖에 나와서 아버지를 조롱했다. 하지만 다른 두 아들은 부끄러운 모습을 보지 않으려고 뒷걸음질로 들어가 아버지의 몸에 옷을 덮어주었다. 이 일로 인해서 함은 저주를 받고, 다른 두 아들은 축복을 받았다고 한다.

기독교의 창시자인 예수 그리스도가 세상에 자신을 나타내신 첫 번째 기적이 물로 포도주를 만든 일이었다는 것은 매우 흥미로운 사실이며, 제자들과 함께 마신 최후의 음료 역시 포도주였다. 하지만 그리스 신화에서도 포도주의 신 디오니소스(로마식 표현: 박카스)가 포도나무 재배법과 포도주를 만드는 양조 기술을 가르쳐주었고, 멀리 인도까지 가서 포도주를 전파했다고 하니, 포도주가 그리스 신화의 음료라고 주장할 수도 있겠다.

유럽에 음료로 전파된 것은 맥주의 역사가 더 오래되었다. 하지만 초기에 대중적인 인기를 끈 것은 포도주였다. 기독교의 영향력이 커질수록 포도주는 쉽게 사람들의 마음을 사로잡았다. 지중해 연안의 비옥한 땅에 포도나무를 심고, 거기에서 포도주를 추출했다. 포도주는 일조량이 부족하고 추운 유럽의 기후에 없어서는 안 되는 필수 음료가 되었다.

하지만 오스만 튀르크의 유럽 침략과 프랑스와 영국 사이에서 일어난 백년전쟁(1337~1453)으로 인해 대부분의 포도 농장이 파괴되었고, 비옥했던 토양도 황폐화됐다. 포도주의 생산이 어렵게 되자 술이 필요한 사람들은 맥주로 눈을 돌리기 시작했다.

맥주는 포도주를 대체할 만한 음료이기는 했지만 두 가지의 문제점이 있었다. 맥주가 대중화되면서 술에 취한 사람들 때문에 일어나는 사회적인 문제들이 발생했고, 이것은 기독교 국가의 명예를 실추하는 심각한 문제로 여겨졌다. 실제로 독일의 한 군주는 회의 석상에서 자기의 옷에 일부러 소변을 보기도 했다.

맥주를 마시면 포도주를 마실 때보다 더 많이 취했고, 술에 취해서 하는 행동은 대부분 용납되었다. 이것을 못마땅하게 생각한 독일의 작센 주 선제후는 자기의 식당에 개와 돼지의 그림을 그려놓고 '누구든지 맥주를 지나치게 마시는 사람은 개나 돼지의 형제가 될 것'이라고 경고했다.

또 한 가지 문제는 지나친 비만이었다. 맥주에는 각종 미네랄이 풍부해서 맥주를 많이 마시는 사람은 몸집이 커지고 살이 지나치게 찌는 일들이 일어났다. 당시에는 사람들은 마른 체형을 선호하지 않았다. 오히려 배가 나오고 살이 찐 체형이 부의 상징이었기 때문에, 영양가가 많은 맥주는 사람들의 더 많은 인기를 얻었다. 하지만 지나친 비만으로 자기 위에 탄 주인의 무게를 견디지 못하고 말이 쓰러져 죽는 등 많은 사회적 문제가 발생했다. 이는 맥주를 대신할 다른 음료를 찾는 계기가 되었다.

커피가 맥주와 포도주를 대체할 음료로 부각된 것은 자연스러운 일이라고 할 수 있다. 커피가 유럽으로 전파된 것은 1683년 오스만 튀르크의 오스트리아 빈 공방전 때의 일이었다. 전쟁이 끝난 후 빈에서 커피를 판매하는 유럽 최초의 카페가 생겼다. 그러나 한 동안 사람들은 커피를 의약품의 일종으로만 알고 있었고 대단한 반향을 일으키지는 못했다.

그렇다고 해도 커피는 작지만 조용히 유럽 기독교 문명을 흔드는 파문을 만들고 있었다. 이슬람 사람들이 즐겨 마시는 커피를 기독교 문화가 수용하는 것에는 상당 시간을 필요로 했다. 하지만 사람의 정신을 마비시키며 사회에 혼란을 주는 술의 대안으로 커피가 떠오르게 된 것이다.

약간의 술은 종교적 감성을 일깨워준다. 하지만 그 이상의 술은 종교적

영성을 감퇴시키며 결국에 일상생활에도 지장을 주는 등 해로운 점이 많다. 기독교를 비롯한 종교에서 지나친 음주를 경계하는 것은 술이 신앙에 미치는 영향력이 부정적이기 때문일 것이다. 술과 마찬가지로 커피도 중독에서는 자유롭지 못하다. 하지만 커피의 중독성은 술에 비할 바가 아니며, 커피가 가지고 있는 장점이 충분하기 때문에 이슬람이든 기독교든 커피의 매력에 빠져들었던 것이다.

우리나라 기독교계에서는 커피를 전문가 수준으로 즐기는 목사들이 많다. 그런데 불교계에서도 이미 커피를 전문가 수준으로 즐기는 이들도 점점 늘고 있다고 한다. 이전에는 템플 스테이에서 차를 내려서 손님들에게 대접했었다. 그런데 이제는 절에서 핸드드립 커피를 마실 수 있다고 하니 커피의 힘이 새삼 놀랍다.

커피가 차보다
유익함을 입증한
쌍둥이 실험

　인류 역사에는 많은 전쟁이 있었다. 그 가운데 '마시는 음료' 때문에 일어난 전쟁이 있다. 영국이 중국을 상대로 일으킨 아편전쟁(1840~1842)이다. 전쟁은 최신식 전함을 동원한 영국의 대규모 함포 사격으로 싱겁게 끝나고 말았지만, 전쟁 이후에 일어난 일은 중국으로서는 재앙에 가까웠다. 약한 군사력을 눈치챈 세계열강들의 본격적인 중국 침탈이 시작되었기 때문이다.

　영국은 중국의 차(茶)를 원했고, 막대한 비용을 지불하기보다 자국의 식민에서 생산되는 막대한 아편으로 값을 치루기 원했다. 아편으로 차를 사다니……. 지금 생각해보면 말도 안 되는 일이지만 당시 영국은 중국 인민의 건강을 생각해줄 만큼 신사적이지 않았다. 그들의 조상은 해적들이 아니었던가?

　영국인들은 중국에서 차를 구하기 위해 다량의 은을 지불하다가 결국 식민지 인도에서 대량으로 생산되던 아편을 중국에 풀었다. 중국의 황제들은 어떻게 해서든 아편만은 막으려 했으나 역부족이었다. 아편전쟁에서 승리한 영국은 더 많은 차를 마시게 됐다. 그들은 더 많은 차를 확보하기 위해 중국 이외의 지역에 차를 심기 시작했는데, 실론에서 시작해서 인도의 아삼과 다즐링까지 많은 지역에 차를 심어 대량 생산에 성공했다.

영국은 인도에서도 예의 잔인함을 보였다. 단지 차를 재배하기 위해서 아삼 지역의 산림을 베어버리고 이에 반대하는 거주민들을 내쫓은 다음 차 밭을 일구었다. 그리고 차 운송 외에는 쓸 일이 없는 대규모 철도 공사까지 감행했다.

이처럼 영국인들은 차를 위해서라면 어떤 희생도, 전쟁도 불사하는 민족이었다. 물론 영국에도 커피 하우스는 있었다. 하지만 비싸고 쓴 커피보다 우아하고 신비로운 동양의 차를 영국인들은 더 선호했다. 여러 가지 이유가 있겠지만 당시에 커피는 예멘이 독점하고 있었기 때문에 구하기도 어렵고 값이 비쌌다. 하지만 자국의 식민지 인도에서는 차를 구할 수 있었기 때문에 영국인들은 커피 대신에 차로 방향을 바꾸었다.

차에도 카페인이 많이 들어 있기 때문에 각성 효과를 따진다면 커피보다 결코 부족하지 않았다. 차를 찾는 수요는 점점 늘었고 영국인들은 차를 구할 수 있다면 인도나 중국, 그 어디든 세력을 넓혀나갔다. 만약에 영국인들이 차보다 커피를 더 좋아했다면 역사의 수레바퀴의 방향이 바뀌었을지도 모른다.

여기서 커피와 차의 약효에 관한 재미있는 일화 한 가지를 소개한다. 스페인의 국왕이었던 구스타브 3세는 커피와 차 중에 어느 것이 몸에 이로운지 가장 과학적인 방법으로 알아보기 위해 다음과 같은 임상 실험을 했다고 한다. 사람을 죽여 사형 선고를 받은 쌍둥이 형제에게 형을 감해주는 대신에 한

명에게는 차만 마시게 하고, 다른 한 명에게는 커피만 주어 마시게 했다는 것이다. 그 결과 차를 마신 쪽이 다른 형제보다 먼저 죽었다. 그의 나이 73세였다. 차보다 커피가 건강에 이롭다는 것이 임상적으로 증명이 된 후 스페인은 1인당 커피 소비량에서 세계 제1위가 되었다는 흥미로운 일화다.

종교의 영역으로 넓혀보면 차는 불교의 음료였다. 커피에도 킬디의 전설이 있듯이 차에도 달마의 전설이 있다.

전설에 의하면 달마는 면벽정진을 각오하며 절대로 잠을 자지 않겠다고 결심했다고 한다. 그러나 육체의 피곤을 이기지 못하고 잠이 들어버렸는데, 이에 화가 난 달마가 자기의 두 눈꺼풀을 잘라 땅에 버렸다. 그곳에서 최초의 차나무가 자라났다고 한다. 후에 그곳을 지나던 달마가 자라난 찻잎 두 장을 떼어 자기 눈 위에 붙였는데 그것이 눈꺼풀로 변했다고 한다. 찻잎이 눈꺼풀을 닮아서 생긴 전설이라고 생각되는데, 차의 전설 역시 종교와 관계가 있고, 이슬람에서 잠을 자지 않기 위해 커피를 마셨다는 이야기와 연관되어 있는 것이 흥미롭다.

동서양을 막론하고 종교인들은 신을 만나기 위해서는 잠을 자지 않아야 한다고 믿었던 것이 아닐까?

커피 한 잔에 담긴 흑인 노예의 슬픈 눈물

전 세계 커피의 25%가량을 소비하는 미국도 처음엔 차가 기호 음료의 주류를 이루었다. 영국에서 신대륙으로 건너온 영국인들이 차를 마시는 일은 당연한 일이었다. 그 양이 해마다 기하급수적으로 증가해 1790년대에 250만 파운드 정도였던 미국의 차 수입은 100년 뒤에는 9,000만 파운드로 늘어났다. 당시 식민지였던 미국은 차에 붙는 세금을 영국 정부에 내느라 허리가 휠 지경이었다. 드디어 보스턴 항구에서 인디언 복장을 한 독립주의자들이 차를 가득 담은 부대를 바다에 던져버리는 보스턴 차 사건(Boston Tea Party)이 일어났다. 이를 계기로 미국의 13개 주가 연합하여 영국 정부를 상대로 독립을 선포하게 되었다.

일반적으로 보스턴 차 사건을 애국심의 발로로 보는 시각이 있지만, 사실 차보다 비쌌던 커피의 가격이 많이 내려간 시대적 상황도 한몫을 했던 것으로 보인다. 1909년이 되면서 1인당 차 소비는 1.25파운드로 줄고, 커피는 11.5파운드로 늘어난다. 이때 미국은 전 세계 커피의 40%를 소비하는 블랙홀로 등장한다. 1950년대에 들어서 미국인들이 마신 커피는 전 세계 커피 소비량의 절반을 훌쩍 넘어섰다.

　미국인이 이처럼 커피를 많이 마신 이유를 노예 제도에서 찾는 시각이 있다. 미국은 아이티에서 흑인 노예들을 이용해 엄청난 양의 설탕을 생산하고 있었다. 하지만 아이티의 자작농과 해방 노예들은 설탕 플랜테이션을 세울 능력이 없었고, 그보다 규모가 작고 돈도 적게 드는 커피 농장을 가꾸기 시작했다. 곧 커피의 유행과 함께 큰돈을 벌 수 있게 되자, 아이티에서는 엄청난 커피가 생산돼 커피값이 떨어졌고 일용직 노동자들까지 커피를 즐기는 상황이 됐다.

　그런데 미국인들이 한참 커피에 맛들이기 시작할 때 변수가 생겼다. 미국 독립 전쟁과 프랑스 혁명이 일어났고, 여기에 고무된 아이티 노예들이 1790년대에 반란을 일으키면서 독립을 선언하게 된 것이다. 자유를 얻은 해방 노예들은 더 이상 커피 농장으로 돌아가거나 커피를 생산하지 않았다. 커피의 공급이 줄어들자 자연스럽게 커피값이 폭등했다. 이 틈새를 브라질이 파고들었다. 1809년 마침내 브라질 커피가 처음으로 미국에 상륙했고, 19세기 중반엔 미국에서 소비되는 커피의 3분의 2가 브라질에서 수입될 정도였다.

　1830년대에 들어 전 세계적으로 커피 수요가 급증하면서 브라질의 플랜테이션 소유주들은 커피 농장에서 일할 아프리카 노예들을 더 많이 필요로 했다. 커피 농사는 노동 집약적이다. 사람이 일일이 커피를 수확하고 가공해야 하는 것이다. 브라질은 많은 노예를, 미국은 많은 커피를 필요로 했다. 1840년대 초 대서양을 건너 브라질로 가는 노예의 5분의 1 정도는 미국 배들이 운반했다.

　미국인들이 커피를 많이 마실수록 흑인 노예들은 브라질 커피 농장에서 등골이 휠 지경이었다. 이들은 잔혹한 노동의 강도를 견뎌야 했다. 일을 마치면 좁디좁은 숙소에서 짐짝처럼 지냈다. 브라질뿐만 아니라 커피 생산국에는 아프리카에서 끌려온 노예들의 슬픈 역사가 남아 있다. 아프리카에서 노예로 끌려온 흑인들은 자신들을 끌고 온 이들의 종교인 기독교 신앙을 갖게 되었다. 그들은 힘들고 어려운 노예 생활을 견디며 흑인 고유의 음악성과 영성으로 노래를 지어서 불렀다. 이것이 흑인 영가다. 그들은 이렇게 노래했다.

> 깊은 강 내 집은 저 강 건너
> 깊은 강 주 나 그곳에 가기 원합니다
> 복음의 잔치에 그대 가지 않으려오
> 언약의 땅 평화의 그곳 오 깊은 강
> 깊은 강 주 나 그곳에 가기 원합니다

　노예로 끌려와 슬픈 삶을 살고 있던 이들에게 자유란 죽음의 강을 건너지 않고서는 도무지 얻을 수 없는 것이었다. 그들의 노래에는 한이 서려 있다. 죽지 않고는 벗어날 수 없는 커피 농장에서 끔찍한 착취에 시달렸던 흑인 노예들……. 유럽과 신대륙 아메리카에서 백인들의 잔에 담긴 향기로운 커피는 흑인 노예들의 눈물이었다.

　커피 한잔 속에는 흑인 노예의 슬픈 눈물이 담겨 있다.

물과 종교, 그리고 커피

물은 생명과 밀접한 연관성이 있다.

살아 있는 모든 것들은 보이든 보이지 않든, 몸 안에 거대한 강을 지니고 있다. 식물들도 줄기 안에 물길이 있어서 생명을 유지시킨다. 사람의 몸에는 약 10만km의 혈관이 있는데, 이는 지구를 두 바퀴 반 돌 정도로 길다. 이 길고 긴 혈관을 통해 산소와 물과 영양분이 이동한다. 사람의 몸에서 물의 총량이 줄어들면 갈증을 느끼게 되고, 이 상태가 오래되면 수분 부족으로 신체 곳곳에서 이상 반응이 나타난다. 수분을 지나치게 마셔도 안 되지만, 너무 부족해도 사람을 비롯한 동물이나 식물들이 생명을 유지하는 데에 심각한 어려움을 겪게 된다.

역사를 살펴보면 인류 문명의 대부분이 강 주변에서 일어났다는 사실을 알 수 있다. 이라크의 유프라테스와 티그리스 강, 이집트의 나일 강, 인도의 갠지스 강, 그리고 중국의 황하(黃河) 유역은 인류의 4대 문명 발상지이다. 사람들은 물이 있는 곳에서 문화를 꽃피웠다.

종교도 역시 물과 연관이 깊다. 유대교의 한 분파였던 에세네파는 팔레스타인의 사해(死海) 주변에서 공동체를 이루고 살았다. 그들의 특징은 세속과 분리되어 종교의 순수성을 유지하며 후대에 경전을 전수하는 것이었다. 이를 위해서 그들은 성경 경전들을 모으고 경전을 사본으로 만들어 보관하는 일들을 했다. 이들 공동체는 1947년 2월 베두인 목동에 의해서 그 성경 사본이 발견됨으로써 존재가 확인됐다. 공동체 유적에서 경전을 사본으로 옮기기 전에 몸을 정결하게 씻기 위하여 물을 담아둔 장소가 발견된 것이다. 이를 통해 기독교에도 물로 몸을 씻음으로 죄를 씻는다고 고백하는 세례 예식이 발전했다고 본다. 기독교의 창시자인 예수 그리스도 이전에 요단강에서 사람들에게 회개의 세례를 베푼 세례 요한이 에세네파 전통을 이어받았다고 보는 학설이 지배적이다.

사우디아라비아에 있는 메카는 순례 인파로 늘 북적인다. 위쪽이 검은 색 천으로 덮인 사각형 건물이 '카바(Kaaba)'이다. 무슬림들은 아브라함이 하나님에게 제사를 지내기 위해 쌓은 신전이라고 주장한다.

이슬람교도 물과 깊은 연관성이 있다. 사우디아라비아에는 해마다 100만 명에 달하는 수많은 성지 순례자들이 방문한다. 사우디아라비아는 관광비자도 발급해주지 않는 폐쇄적인 나라이지만 이슬람교도들은 기꺼이 불편도 감수하고 사우디의 메카를 순례한다. 이슬람교의 가르침에 따르면 메카에 있는 잠잠(zamzam) 성수를 마시면 병이 낫게 된다고 하는데 여기에는 재밌는 사연이 있다.

구약성경 창세기에 보면, 아내인 사라가 아이를 낳지 못하자 아브라함은 여종 하갈을 첩으로 들여 아들 이스마엘을 낳았다. 하지만 사라가 이를 시기해 갈등이 빚어지자 하갈과 이스마엘은 집에서 도망친다. 광야를 헤매던 이들이 메카에 이르렀을 때, 아들이 목이 마르다고 하자 하갈은 물을 찾으러 사파 언덕과 마르와 언덕을 7번 오르내렸다. 그때 이스마엘의 발이 땅에 닿은 곳에서 샘이 솟아났다. 이때 하갈이 '잠잠(물이여 멈춰라)'이라고 외치며 둑을 쌓아 물을 마셨다고 하여 이런 이름이 붙여졌다고 한다.

지금도 성지 순례자들은 사파 언덕과 마르와 언덕을 7번 왕복한 후 성수를 마시면 죄가 씻기고, 사탄을 물리치기 위해 7개의 돌을 던져야 한다고 믿는다. 매년 이곳에선 돌에 맞아 숨지는 순례자들이 속출하지만, 여전히 수많은 순례자들이 메카를 찾는다. 이로 인해 벌어들이는 사우디의 관광 수입은 주변 요르단이나 이집트의 관광 수입을 합친 것보다 훨씬 많다.

교황 클레멘트 8세가 커피에 세례를 준 이야기는 널리 알려져 있다. 교황은 이슬람 이교도들이 마시는 커피를 기독교인들도 마실 수 있도록 세례를 주고 커피를 형제로 받아들임으로써 사탄과 이슬람교도들을 조롱했다고 한다. 이 이야기에서도 물은 커피를 종교적으로 새롭게 해석하며 종교와 커피를 이어주는 중요한 교량 역할을 하고 있다.

우리나라의 원효 대사는 그의 나이 40세에 자기보다 열 살 아래인 의상과 함께 당나라로 유학을 떠났다. 그들이 남양해안에 이르렀을 때, 비가 오고 밤이 되어 어떤 움막집에서 잠을 자게 되었다. 원효는 잠을 자다가 목이 말라서 일어났고, 혹시나 하고 머리맡을 더듬어보니 바가지에 물이 담겨 있는 것을 알았다. 그 물을 달게 마신 원효는 다시 잠이 들었다. 그리고 아침에 잠에서 깨어 바가지를 보니, 바가지인 줄 알았던 것이 해골이었으며 바가지에 담거 있는 물에는 벌레가 우글거리고 있었다. 원효는 이 일로 심한 충격을 받고는 종교적인 깨달음을 얻게 되었다고 한다.

　이처럼 물과 종교는 수많은 연관성을 지니고 있다. 물 없는 종교가 없으며, 종교에는 반드시 물이 등장한다. 물은 종교인들을 내면적으로 정결하게 하며 거룩하게 만드는 물질이다.

　한 잔의 커피는 어떻게 완성되는가? 바리스타는 잘 볶아진 커피 원두를 갈아서 가루로 만든 후 물을 사용해 커피 성분을 추출한다. 그런데 커피 원두에 포함된 모든 성분을 추출하는 것은 아니다. 커피 원두에 들어 있는 성분을 100이라고 할 때, 물에 녹지 않는 고형 성분이 약 73%이고, 물에 녹는 성분들은 약 27%이다. 물에 녹는 성분들 중에서 18~22%만이 좋은 커피를 만드는 향미 성분이다. 만약 그 이상 추출되어도, 그 이하가 추출되어도 커피는 균형감을 잃게 된다. 물이 커피 가루를 통과하면서 좋은 향미 성분만을 추출하여 맛있고 향기로운 커피 한 잔을 만들어내는 것은 마치 종교와 같다.

　예컨대 커피 성분이 지나치게 많이 물에 녹아 나오는 것은 종교적 광신주의에 비할 수 있으며, 성분이 너무 적게 물에 녹아 나오는 것은 종교적인 형식주의에 비교할 만하다. 반면에 좋은 물을 사용하여 신중하게 맛있고 향기로운 한 잔의 커피를 추출하는 것은 성숙한 종교 생활이라 말할 수 있을 것이다.

　당연한 말이지만 물 없는 커피는 존재할 수 없다. 물은 커피의 DNA와 정체성을 분명하게 해주는 중요한 도구이다. 물은 커피가 자기 안에 있는 온갖 향미와 영양분을 쏟아낼 수 있도록 만들어주는 매개체이다. 처음부터 물이 있었기에 인류 문명이 존재했으며, 물이 없이는 종교도 커피도 존재할 수 없다.

그런 관점에서 본다면 물은 깨달음이자, 종교의 핵심이다. 물을 사용해 커피를 추출하는 행위는 물을 통해 종교를 해석하는 것과 일맥상통하다고 말할 수 있지 않을까.

'퀸' 리더 머큐리와 존 웨슬리 목사의 뜨거운 열정으로 빚는 커피 향미

전설적인 록그룹 퀸(Queen)의 리더였던 프레디 머큐리는 명성만큼이나 죽음도 특이했다. 에이즈 합병증으로 생을 마감해 팬들을 충격에 빠뜨린 것이다. 그는 영국이 자랑하는 세계적인 로커였지만, 영국 태생은 아니었다. 그는 영국의 식민지였던 탄자니아의 잔지바르 출신이었고, 조로아스터교를 믿었다. 조로아스터교는 니체의 저서 〈자라투스트라는 이렇게 말했다〉를 통해 소개되기도 했지만, 오늘날에는 잘 알려져 있지 않은 종교다.

조로아스터교는 로마와 세계를 양분하던 대제국 사산조 페르시아의 국교로 숭배되던 종교였다. 사산조 페르시아가 명운을 다한 후 이슬람 세력에 핍박을 받아 신자 대부분이 이란에서 인도로 이주했다. 그들의 주장에 따르면 이란에 약 15만 명, 인도 뭄바이 지역에 파르시 교도로 불리는 20만 명 정도의 신자들이 남아 있는 것으로 추산된다.

이란인들은 '물, 불, 땅, 바람'을 인간에게 중요한 요소로 여기고, 그중에서도 특히 불을 중시했다. 불은 모든 불결한, 정(淨)하지 않은 것들을 깨끗이 태울 뿐 아니라 스스로 오염되지도 않기 때문이다. 불은 이리저리 비뚤어지지도 않고 똑바로 위를 향해 타오르며, 인간에게 따뜻함과 깨끗함을 준다. 어둠을 밝히고, 음식을 할 수 있게 하기 때문에 그들은 불을 신성하게 여겼던 것이다. 이란 야즈드(Yazd)에 있는 불 사원(Fire Temple)에서 타오르고 있는 불은 1,500년 이상 되었다고 전해진다. 조로아스터교는 우리나라에 배화교(拜火敎)로 소개되기도 했다. 신도들이 신전에 있는 불을 돌보는 것을 가장 중요한 일로 여겼기 때문이다.

불은 생명의 근원이다. 지구가 우주 공간에 흩어져 있는 수많은 별들 중에서 생명의 터전이 될 수 있는 것은 두 개의 핵심적인 불의 근원이 있기 때문이다. 하나는 태양이고, 또 하나는 지구 내부의 코어다. 과학자들은 생명체를 찾기 위해 우주 공간을 이 잡듯 뒤지고 있으나 지구 외에 어디에서도 흔적조차 찾지 못하고 있다. 지구가 '생명의 별'이 될 수 있는 이유는 불이 있기 때문이다. 불은 생명체를 살아 있게 한다. 온도에 차이가 있을지언정, 살아 있는 모든 것은 열기를 지닌다. 자체적으로 열을 만들어내지 못하는 파충류는 태양의 빛을 받아 몸을 덥혀야 살 수 있다.

인류가 불을 발견한 것은 언제였을까? 그리스 신화에 따르면 프로메테우스가 신들에게서 불을 훔쳐 인간 세상에 가져왔다. 기독교 경전인 성경에는 최초의 인간인 아담과 하와가 에덴동산에서 쫓겨난 후에 자녀를 낳게 되는데, 둘째 아들인 아벨이 양을 잡아서 하나님께 번제로 제물을 드렸다. 번제는 불로 태워서 드리는 제사법이기에 인류는 처음부터 불을 사용할 줄 알았다고 본다.

고대인들에게 불은 숭배의 대상이었다. 인류에게 불은 맹수로부터 몸을 지켜주는 무기, 기나긴 어둠을 밝혀주는 보호자가 되었을 것이다. 번쩍거리며 나무를 때린 번개에서 비롯되었는지, 우거진 나무들끼리의 마찰에 의해서 일어났는지 그 시작은 알 수 없지만 불을 발견한 인류는 그때부터 새로운 문화를 꽃피울 수 있었다. 불을 사용해 고기와 곡식들을 익혀 먹음으로써 인간의 미식에는 엄청난 변화가 일어났다. 인간에게 있어 가열해서 요리를 한다는 것은 가장 오래된 향 제조법이기도 하다. 가열은 많은 변화를 불러일으킨다. 색과 향은 물론 물성마저 바꾼다. 캐러멜화 반응(Caramelization), 마이야르 반응(Mailard Reaction), 지질의 열분해(Pyrolysis), 황화합물의 가열 반응(Heating Reaction) 등 복잡한 반응이 불로 인해 비로소 일어난다.

커피는 생두 그 자체만으로는 의미 있는 향미를 보여주지 못한다. 하지만 불과 열을 만나는 순간, 많게는 1,000여 가지의 향미를 새롭게 갖게 된다. 커피 생두가 지닌 당류와 아미노산이 고온에서 반응해 향이나 색소 물질을 만들어내는 마이야르 반응 덕분이다. 이 반응은 선사 시대로부터 요리에 이용되어왔지만, 루이스 마이야르라는 화학자가 1910년에야 과학적으로 정리하기 시작했다.

당과 아미노산이 고온에 반응하여 향이 만들어지는 이 과정은 요리와 향의 근본이 된다. 이 반응을 통해 수백 가지 향기 물질이 만들어진다. 생두에 들어 있는 커피 향의 잠재력을 밖으로 드러나게 하는 것이 로스팅이다. 로스팅을 잘하면 향미의 잠재력이 극대화하지만, 그르치면 멋진 커피 생두의 향미를 망치게 된다.

로스팅의 핵심은 불과 열의 관리에 있다. 사람의 몸에서 열기가 사라지면 생명도 떠난다. 살아 있는 인간은 섭씨 36.5도를 유지하고 있는데, 사람 몸속에 불이 존재하고 있기 때문이다. 사람의 마음속에 불이 있으면 열정을 불러올 수도 있지만, 그 불은 사람을 파멸에 이르게 할 수도 있다. 사람을 파멸시키는 불은 분노의 불, 시기의 불이다. 사람을 열정적으로 만들어주는 불은 정열의 불이며 청춘의 불이며 비전의 불이다.

프레디 머큐리처럼 불을 숭배한 것이 아니라 가슴에 불을 품었던 인물이 있다. 그는 17세기 성공회 신부였던 존 웨슬리(John Wesley, 1703~1791)다. 그는 사람이 가슴에 불을 품으면 세상을 얼마나 아름답게 변화시킬 수 있는지를 보여줬다. 1738년 5월 24일 그의 일기에는 '이상하게 가슴이 뜨거워지는 체험을 하였다'고 적혀 있다. 마음속에 불이 당겨진 듯 가슴이 뜨거워짐을 경험한 후에 그는 삶을 짓누르고 있던 불확실성에서 벗어날 수 있었다. 그는 이 회심(回心, Conversion)을 거쳐 열정적인 감리교 운동에 나서 세상을 변화시켰다. 웨슬리는 하루에 4~5차례, 평생 4만 2,000회나 거리 설교를 펼쳤다. 그의 궤적은 매년 1만 2800km, 평생 40만km에 달한다. 물론 말을 타고 다녔지만, 그가 평생 이룬 '설교 여행'은 지구를 열 바퀴 이상 돌 수 있는 엄청난 거리다.

웨슬리의 고귀한 삶을 커피 로스팅에 비유하는 것은 단지 필자의 단상(斷想)이지만 크건 작건 긍정적인 변화를 보고 느끼는 것만으로도 크나큰 행복감을 준다. 지금 이 순간에도 필자의 랩에는 로스터가 돌고 있다. 차가운 콘크리트 조각 같은 딱딱한 생두가 섭씨 180~200도의 드럼에 들어간 지 10분 만에 전혀 다른 향미 덩어리의 커피 원두로 거듭나고 있다.

생두가 불을 만나 향기로운 변화를 경험하듯, 웨슬리의 가슴이 뜨거워짐으로써 세상 곳곳에 말씀의 향기가 퍼져나갔듯 봄의 길목에 서서 두 손을 모은다. 고단한 삶으로 인해 갈수록 얼음장이 되고 있는 사람들의 마음에 불이 당겨져 그 뜨거운 경험을 통해 더욱 행복할 수 있기를……. 커피에 깃들어 있는 향미를 로스팅을 통해 불러일으키듯 세상의 행복도 로스팅으로 피워낼 수 있다면 얼마나 좋을까?

박진영 '노래는 공기 반, 소리 반…' 커피 향도 공기가 큰 영향

　세상에 존재하는 모든 생명은 기본적으로 공기를 호흡하며 살고 있다. 포유류나 파충류, 조류와 양서류는 공기를 들이마시고 뱉는 허파 호흡을, 어류는 아가미를 통해 물에 녹은 용존 산소를 흡입하는 방법을 사용한다. 모든 생명체는 생명을 유지하기 위해 공기를 호흡하도록 설계되었다. 공기 없이는 생명을 유지할 수 없는 것이다.

　공기를 활용하는 방법에 따라 소리를 내는 발성이나 노래를 부르는 창법도 달라진다. 가수 박진영이 노래를 심사하면서 '공기 반, 소리 반'이라는 말을 해 한동안 회자된 적이 있다. 공기를 잘 사용할 줄 알아야 노래를 잘 부를 수 있다는 뜻이겠다. 그 역시 '공기 반, 소리 반' 창법은 자신도 잘 안 된다고 고백했다. 공기를 통해 발성이 되고, 공기를 통해 소리가 전달된다.

　기독교의 경전인 성경에 '하나님께서 이 세상을 창조하실 때에 말씀으로 만들었다'는 구절이 있다. 그런데 특이하게도 인간만큼은 흙을 빚어서 코에 생기를 불어넣어 창조했다고 기록돼 있다. 인간의 코에 불어넣은 생기는 히브리어로 '루하흐'이다. 그 뜻은 '영(Spirit)'으로, '공기', '바람' 또는 '호흡'

이라는 의미가 있다.

　커피에게도 공기는 매우 중요하다. 공기가 없는 우주 공간에서는 커피를 로스팅할 수도 없고, 향미를 느낄 수도 없다. 공기 중에 산소가 있어야만 불이 붙을 수 있기 때문이다. 커피의 향기 성분도 공기 없이는 추출할 수 없다. 멜리타나 칼리타, 고노, 하리오를 비롯한 브루잉 도구들은 공기의 흐름을 이용한다. 커피 드리퍼에는 돌출된 리브(Rib)들이 있는데, 공기의 흐르게 함으로써 커피 수율을 맞추는 과학적인 설계들이다.

　사이폰(Syphon)으로 알려진 진공 커피 추출기(Vacuum Coffee Maker)는 명칭에서 알 수 있듯이 공기 압력으로 진공을 만들어 커피를 추출하는 기구다. 아래쪽 용기에 물을 담고 가열하면 물은 유리관을 따라 위쪽으로 올라가 커피 성분을 추출한 뒤 진공압에 따라 다시 원 위치로 돌아온다. 이 역시 공기를 이용한 탁월한 커피 추출법이다.

　공기는 이처럼 커피를 커피답게 하는 데 필수적이다. 공기는 또 향기에서 필수적이다. 향기는 공기라는 매개체 없이는 후각 세포에 전달되지 않는다. 커피의 향기가 제아무리 좋아도 공기 없이는 무용지물이다. 우리는 커피의 향미 가운데 휘발되는 성분만을 느낄 수 있을 뿐이다. 커피 아로마에서 공기는 없어서는 친구와 같은 존재인 것이다.

　공기는 커피를 신선하게 보존하기 위해 반드시 막아야 하는 귀찮은 존재쯤으로 취급받고 있다. 물론 커피의 성분에는 불포화지방산인 리놀렌산(Linolenic Acid)이 많아 산화에 민감하다. 이 대목에서 이산화탄소가 중요한 역할을 한다. 로스팅 과정에서 커피 생두의 세포에 갇히게 되는 이산화탄소가 일종의 보호막이 되어 산소에 의한 산화 반응을 억제해주는 것이다. 이산화탄소가 빠져나가면서 산패(酸敗)가 빨라진다.

공기 중의 산소로 인해 커피의 품질이 떨어지는 것은 사실이다. 그렇다고 공기가 커피의 신선도를 떨어뜨리는 유일한 주범이라고 할 수 있을까? 로스팅된 커피가 태생적으로 지니고 있는 유한성 때문에 겪을 수밖에 없는 운명은 아닐까? 우리가 세상에 태어나 늙어가는 것처럼 말이다.

인간이 가장 존엄한 순간은 종교 앞에서 자신을 돌아볼 때가 아닐까 싶다. 종교 앞에서 인간은 자신을 돌아보기도 하고, 잘못을 뉘우치기도 하며, 사명을 깨닫기도 한다. 종교 없는 인류 사회를 떠올리기는 어렵다. 단지 인간을 생물학적인 시선으로 바라보고 진화론적 가치관에서만 판단한다면, 애초에 인간의 존엄성은 찾아보기 힘들어지기 마련이다.

아시시의 성 프란체스코는 '태양의 찬가(Canticle Of The Sun)'에서 이렇게 노래한다.

> "내 주여, 형제 바람의 찬양을 받으소서. 공기와 구름과 화창한 날씨, 그리고 모든 날씨의 찬양을 받으소서."

성 프란체스코는 공기를 통해서 신의 영광을 느꼈다. 공기가 가지고 있는 지고의 가치는 자유로움이 아닐까? 공기는 가고 싶은 곳으로 가며, 가는 곳마다 지대한 영향을 끼친다. 공기는 눈에 보이지 않지만 존재한다. 종교도 이와 마찬가지다. 종교는 눈에 보이는 것이 아니다. 그러나 좋든 싫든 인간의 모든 삶에 지대한 영향을 미친다.

공기를 통해서 좋은 향기만 전달되는 것은 아닌 것처럼 때로는 종교를 통해서 부정적이고 잘못된 메시지들이 전달되기도 한다. 하지만 이것은 종교 자체의 잘못이라기보다, 그 악취를 내는 인간들의 잘못이다. 눈에 보이는 것은 자유롭지 못하다. 눈에 보이는 종교는 교권화(敎權化)되고 제도화(制度化)되어 부자연스러운 모습이 보일 수도 있다. 하지만 참된 종교는 눈에 보이지 않는 지고의 가치인 자유로움을 지니고 있다.

요한복음 3장에서, 예수는 '어떻게 하여야 영생을 얻을 수 있는가?'라고 묻는 니고데모에게 '바람이 임의로 불매 네가 그 소리는 들어도 어디서 와서 어디로 가는지 알지 못하나니 성령으로 난 사람도 다 그러하다'고 말한다. 바람은 어디에도 매이지 않는다. 자유롭다. 하지만 모든 것에 영향을 준다.

참된 종교란 무엇일까? 향기로운 커피와 같을 것이라고 생각한다. 필자는 아침 일찍 일어나 공기를 통해 전해지는 커피 향기를 맡으며 온몸의 모든 감각을 일깨워 신의 임재를 느낀다. 그리고 나 자신에게 질문을 던진다.

"나는 자유로운가?"

커피와 종교의 공통점을 알려면 예멘 '모카커피'를 보라

"커피에서 흙냄새가 나요!"

커피 테이스팅을 하는 자리에서 종종 나오는 반응이다. 자연 건조 과정을 통해 생산된 커피를 다룰 때 빚어지는 일인데, 대부분 커피 생두를 맨땅에서 건조시키는 데서 비롯된다.

과거 인도네시아의 만델링의 경우 이런 흙냄새가 진하게 났다. 최근에는 다국적 커피 회사들이 커피의 생산과 건조, 그리고 수출의 모든 과정을 관리하는 일이 잦기 때문에 커피의 이취(異臭, Nasty Smell)는 거의 사라지고 있다. 필자가 2014년 가을 수확기에 인도네시아 아체 지역을 방문했을 때, 소작농들 중에도 흙바닥에 커피 마대를 깔아놓고 건조시키는 경우는 드물었다. 대부분의 농가들은 콘크리트 바닥에서 커피를 건조시키고 있었다.

커피 생두는 프로세싱에 따라서 향미에 직접적인 영향을 받는다. 예를 들어 에티오피아의 이르가체프 같은 경우, 수세식으로 가공한 커피 생두에서는 와인 향과 꽃향기, 그리고 좋은 산미가 가득하며 흙냄새는 거의 느낄 수 없다. 하지만 자연 건조 방식으로 가공한 이르가체프 커피는 수세식과 전혀 다른 풍미를 지니게 된다.

여기에서 한 가지 생각해보고 넘어갈 것이 있다. 커피 아로마에 있어서 흙냄새가 과연 나쁘기만 한 것일까? 커피 용어 중에서 '테루아(terroir)'라는 말이 있다. 이 용어는 와인에서 유래된 것인데, 포도원의 토질 등 주위 환경을 의미한다. 테루아는 흙 내음 아로마에 기여하기도 하는데, 이 아로마 역시 와인의 과일 요소로 간주된다. 커피에서 나는 흙 내음 아로마도 역시 과일 향의 일종으로 여기는 것이 자연스러울 것이다.

커피나무는 꼭두서닛과(科)에 속한 코페아종의 식물이다. 변종까지 포함하면 커피나무 종류는 100여 가지에 이른다. 인류는 아라비카, 카네포라, 그리고 리베리카 이 세 종류의 커피 원종을 상용화했다. 인류는 이 나무들을 가지고 다양한 유전자를 교접시켜서 병충해에 강한 나무, 생산량이 많은 나무, 향기가 특별히 좋은 커피 등을 만들어냈다. 커피 벨트 안에 있는 커피 생산국들은 이 중에서 자기 나라에 맞는 커피 변종들을 통해 커피를 생산한다.

같은 품종이라고 해도, 그 나무를 어디에 심었느냐에 따라서 커피의 맛이 다르다. 이것은 커피 열매를 수확해서 프로세싱을 어떻게 했느냐에 따라서 맛이 달라지는 것과는 근본적으로 다른 것이다. 각 나라마다 토양이 다르고 환경이 다르며, 그 땅에 있는 영양분과 미생물이 다르기 때문에 종(種)이 같은 커피나무라고 해도 토양에 따라서 맛이 확연히 달라질 수밖에 없는 것이다. 커피에서 나는 흙 내음은 결점이 아니라, 그 커피가 나고 자라고 열매 맺은 그 땅의 아로마이다. 그러기에 이것은 커피의 장점이며 그 커피만의 독특한 캐릭터이기도 하다.

토양이 다른 것이 맛에 지대한 영향력을 미치는 것처럼, 종교도 마찬가지로 그 땅의 토양에 따라서 달라진다. 역사를 살펴보면 모든 종교가 세계화 과정을 거치는 동안 토착 세력의 영향을 수용하느냐 아니면 거부하느냐에 따라 변질되기도 하고, 융합하기도 하고, 새롭게 재해석되기도 하였다.

불교가 전파된 이후 중국이나 한반도, 그리고 일본에서도 토착화 시도가 있었고 그로 말미암아 인도에서 시작된 불교와는 많이 다른 불교가 각 지역에서 성행하게 되었다. 기독교 역시 전파되는 지역에서 토착화하려는 시도가 많이 있었다. 사실 세계 종교들 치고 토착화 과정을 거치지 않은 종교가 있었던가?

커피가 처음 고향인 에티오피아를 떠나 예멘의 모카에 심겨졌을 때, 그 땅에서 독특한 예멘 모카커피가 재배될 수 있었다. 커피가 순례자 바바부단에 의해 인도 땅에 심어졌을 때, 그 땅에서 인도 커피만의 독특한 세계가 펼쳐질 수 있게 되었다.

종교도 마찬가지가 아닐까? 커피의 향기가 테루아와 깊은 연관성이 있는 것처럼, 종교도 역시 그 땅의 테루아와 깊은 연관성이 있다. 다른 환경, 다른 토양에 심겨진다고 해도 커피나무의 본성은 달라지지 않는다. 본성이 달라지는 것이 아니라, 맛이 재해석되어 더욱 풍부해지고 다양해진다. 이처럼 원래 그 종교가 가지고 있는 본래의 핵심적인 진리와 가치는 변하지 않고, 그 땅의 사람들의 기본적인 정서와 영혼의 아름다움을 일깨워줄 수 있는 종교는 마치 비가 온 후에 땅에서 풍겨오는 흙의 향기처럼 가장 아름다운 향기를 발하게 될 것이다.

'커피와 종교'의 같은 점, 다른 점

커피에는 좋은 향도 있고 결점도 있다. 커피가 본래 가지고 있는 향기 성분들 중에 과발효한 시큼한 자극, 벌레 먹은 냄새, 썩은 뉘앙스 등은 미각에 나쁜 영향을 미친다. 커피 생두가 원래 가지고 있는 향이 아니라 한 잔의 음료로 만들어지는 과정에서 생성되는 이취(異臭)들도 있다.

커피 볶는 과정에서 어쩔 수 없이 결점으로 작용하는 향미가 원두에 배어든다. 대표적인 것이 고무, 파이프 담배, 탄 냄새 등이다. 또 볶은 원두가 공기와 접촉해 산패되면서 나는 냄새도 있다. 이런 냄새들은 로스터가 설치된 공간의 공기를 오염시킬 뿐만 아니라, 커피의 향미를 즐기려는 테이스팅을 방해한다. 커피의 원초적인 향미인양 둔갑하는 이들 결점의 냄새들은 로스팅을 통해 자신만의 향미 세계를 추구하는 커피 로스터들에게는 대충 덮고 넘어갈 일이 아니다.

향미에 민감한 커피 애호가는 디펙트(Defect)를 금세 알아차린다. 커피를 직접 볶지 않고 공급받아 사용하는 바리스타로서는 고객에게서 향미가 이상하다는 말을 들으면 난감하다. 로스팅 과정에서 갖게 되는 결점들을 최대한 제어할 책임은 바리스타가 아니라 로스터에게 있다.

'잘 볶아진 커피란 디펙트가 없는 커피'라는 말에 이견이 있을 수 없다. 대부분 이런 결점들은 커피를 볶는 과정에서 발생되는 연기를 적절하게 제어하는 것만으로도 해소할 수 있다. 로스팅 머신을 잘 청소하기만 해도 사라지는 냄새들이 적지 않다. 사실 로스터들에게 로스팅 머신을 관리하는 일은 만만치 않은 일이다. 하지만 이 일이 힘들다고 해서 손을 놓아버리면 불쾌한 향을 감수할 수밖에 없다.

최근 커피 시장이 급성장하면서 저가 원두도 부쩍 늘었다. 이런 커피에서 좋은 향미를 기대하기란 어렵다. 저가 생두 제품은 결점두가 많은데, 가격을 낮추기 위해 결점두를 골라내는 작업을 대체로 생략하기 때문이다.

한편으로 맛을 추구하는 트렌드가 두드러지면서, 산지에서는 마이크로 랏(Micro Lot) 커피를 생산하는 농장들이 많이 생겨나고 있다. 여러 지역에서 생산된 커피 생두를 한꺼번에 모아서 같은 이름을 붙여 수출하는 브라질 산토스와 같은 커피를 두고 향미를 논하는 것은 부질없는 일이다. 커피의 향미를 이야기하려면 자라나는 토양과 기후는 물론 재배자의 스토리까지 알아야 한다. 커피는 와인만큼 문화적인 요소들을 갖추고 있다.

디펙트의 문제는 커피를 마시는 소비자가 잘 모른다고 방관할 일이 아니다. 소비자들도 점차 커피의 맛을 가려내며 즐기고 있다. 정성이 덜 들어간 싼 커피에서 나는 찌든 담배 향, 고무 탄내와 같은 결점들을 소비자들이 알아채기 시작했다.

커피 로스터가 향미의 결점들을 극복하려면 기본적인 일들을 날마다 해

내야 한다. 먼저 커피 생두에서 결점두들을 세밀하게 골라내야 하고, 또 로스터 머신의 배관 부위를 자주 청소해야 한다.

결점두를 골라내는 작업이 지니는 가치를 종교에 비유할 수 있다. 종교란 무엇일까? 자연 상태의 커피 생두와도 같다고 하면 지나친 비약일까? 잘 볶으면 향기로운 한 잔의 커피가 되지만, 결점두를 제거하지 않으면 눈살을 찌푸리게 하는 기분 나쁜 음료가 되기도 한다. 커피를 누가 다루느냐에 따라 맛과 향이 다르듯, 종교도 누구의 손에 있느냐에 따라 그 가치가 달라진다.

종교가 사람들의 외면을 받지 않으려면 종교 스스로 철저히 자기 관리를 해야 한다. 로스팅 머신을 잘 관리하지 못하여 갖게 되는 결점들이 커피의 좋은 향기를 덮어버리듯, 종교가 본래의 모습을 잃고 세상과 타협하며 자정 능력을 잃어버림으로써 갖게 되는 결점들은 종교의 순기능을 덮어버린다. 종교가 이를 극복하지 않으면 점차 외면당하고 있는 좋지 않은 커피와 같은 처지가 될 것이 뻔하다.

향기로운 커피 한잔을 위해서 로스터는 머신을 철저히 관리해야 하는 것처럼, 종교도 철저히 자기 관리를 해야 한다. 종교가 그 가치를 잃어버리지 않으려면 종교 내부의 결점들을 모른 척하고 덮어두어서는 안 된다. 내부의 결점들을 꼼꼼히 찾아내서 제거함으로 본래의 가치를 지켜내야 한다.

1517년 독일에서 일어난 종교 개혁 운동의 시작점을 살펴보면, 종교 개혁자 마틴 루터는 새로운 종교를 시작하려 했던 것이 아니라 종교 내부의 결점들을 제거함으로써 종교가 지니고 있는 본래의 장점을 회복하려 했음을 알 수 있다.

역사를 돌이켜볼 때 종교가 제 역할을 못 했을 때는 여지없이 외면을 당했다. 그러므로 한 잔의 향기로운 커피를 마시기 위해서도 결점두를 골라내는 노력을 기울여야 한다. 커피 한잔을 두고서도 이럴진대, 영혼의 문제를 다루는 종교는 오죽할까? 악취가 섞인 향기는 아무 소용이 없다. 오늘날 한국사회에서 종교가 대중들로부터 외면받고 있다는 소리가 들리고 있다. 종교가 철저한 자기 개혁을 통해 결점을 솎아내는 노력으로 본래의 향기를 되찾아야 할 때다.

자이언티의 '양화대교'와 자판기 커피

17세기 프랑스의 수학자이며 철학자였던 블레이즈 파스칼(Blaise Pascal)은 행복에 대하여 이렇게 말했다.

"모든 사람은 행복을 추구하며 여기에 예외는 없다. 행복을 추구하는 수단은 저마다 다를지라도 그 모든 것은 한 지점을 향하고 있다."

커피를 배고파서 마시는 사람은 없다. 커피는 오히려 배고픔을 유발한다. 커피 안에 들어있는 클로로겐산이 소화를 촉진시켜주기 때문이다. 커피는 대표적인 디저트이자 기호 식품이다.

애호가들은 커피를 아침에도 마시고, 점심과 저녁에도 시도 때도 없이 마신다. 하루 커피 세 잔 정도가 적당하다지만 그 이상 마시는 사람들이 주변에 참 많다. 이것은 지금 우리들의 이야기만이 아니다. 베토벤은 아침 식사 때 커피를 즐겼는데, 한 잔에 정확하게 원두 60알을 골라 갈아서 마셨다. 18세기 프랑스의 사상가 볼테르는 84세까지 장수했는데, 하루에 50잔이 넘는 커피를 마신 것으로 전해진다.

통계에 따르면 미국에서 하루에 소비하는 커피만 4억 잔이 넘는다. 우리나라의 커피 전문점도 이미 4만 9,600곳이나 되고, 지난해 1인당 커피 소비는 484잔으로 폭증했다. 커피 소비의 증가는 중국에서도 나타나고 있는데, 2014년 현재 중국의 커피 소비자는 2억 5,000만 명을 넘었다. 연간 소비 금액은 600억~800억 위안으로 2020년에는 이 보다 10배 이상 증가할 것으로 관측된다.

사람들은 커피를 왜 마실까? 이것에는 한 잔에 담기는 음료 이상의 의미가 있다. 바로 '행복'이다. 커피가 6세기 에티오피아의 목동 칼디에 의해서 발견된 이후 인종을 초월해 인류에게 사랑을 받는 이유가 여기에 있다. 커피만큼 쉽게 행복감을 주는 것이 있을까? 커피를 마시기 위해 지불하는 비용은 다른 것에 비해 상대적으로 적지만, 돈으로 계산할 수 없을 만큼 커다란 행복을 우리에게 가져다준다.

현대 생리의학의 아버지로 알려진 영국 출신의 윌리엄 하비는 17세기 혈액 순환의 원리를 최초로 발견한 인물이다. 그가 발견한 혈액 순환의 원리는 의학계에서 가장 위대한 발견 중의 하나로 꼽힌다. 그도 대단한 커피 애호가였다고 하는데, 그가 임종을 맞게 되었을 때 변호사를 불러 커피콩을 내밀며 '이 자그마한 열매가 바로 나의 행복과 재치의 원천이었다'고 고백했다고 한다.

바흐의 '커피 칸타타'에도 이런 대사가 나온다.

"아! 커피의 기막힌 맛이여. 그것은 천 번의 키스보다 멋지고 마스카트 술보다 더 달콤하다. 비록 혼례식은 못 올릴망정, 바깥출입은 못 할망정, 커피만은 끊을 수가 없구나!"

커피는 행복이다. 이것은 커피를 사랑하는 모든 이들의 공통적인 견해다. 커피가 주는 행복은 예술가들과 사상가들에게는 영감과 지혜의 원천이기도 했다.

비약일지 모르지만 커피 한잔이 사람들에게 행복을 주기 때문에 끊을 수 없다면, 커피는 이미 거의 종교 수준으로 사람들의 삶 속에 자리매김하고 있다고 할 수 있다. 사람들은 커피를 마시며 행복을 추구한다. 처절하게 행복을 추구해도 그토록 원하는 꿈은 이루어지지 않고 점점 삶이 고단해지지만, 그래서 허무하고 힘들어 주저앉고 싶을 때에도 한잔의 커피는 힘을 준다.

봄날에 어울리지 않게 하늘이 미세 먼지로 답답하지만 중랑천 벚꽃 길에는 벚꽃을 감상하는 인파로 가득하다. 꽃길을 걷고 있는 사람들을 바라보면서 문득 자이언티의 '양화대교' 가사가 떠올랐다.

행복하자 우리 행복하자
아프지 말고 아프지 말고
행복하자 행복하자
아프지 말고 그래그래

힘든 노동 속에서 잠시 한숨을 돌리며 마시는 자판기 커피 한잔은 휴식이라는 이름으로 포장된 '행복'이다. 졸음을 이겨내려 택시를 세우고 자판기에서 뽑아 마시는 커피 한잔은 운전기사에게는 가족의 행복을 지켜주는 '안전'이라는 이름의 '행복'이다. 삶을 행복으로 위로하는 커피는 어찌 보면 종교만큼 요긴하다.

알고보면
재미있는
커피
인문학

개정증보판 1쇄 발행 2020년 4월 12일
1쇄 인쇄 2020년 4월 17일

지은이 최우성

펴낸곳 퀀텀북스 | 수엔터테인먼트
발행인 최남철
교정, 교열 임유진

출판등록 306-2004-8

주소 경기도 남양주시 평내동 611-6
구입문의 010-9194-3215

ISBN 979-11-86126-11-0 (03810)

값 12,000원

※ 퀀텀북스는 수엔터테인먼트의 교양 브랜드입니다.
 이 책은 수엔터테인먼트사가 저작권자와의 계약에 따라 발행한 것이므로
 이 책의 내용을 이용하시려면 반드시 저자와 본사의 허락을 받아야 합니다.
※ 잘못된 책은 구입처에서 교환하여 드립니다.